CHUANTONG CUNLUO BAOHU LIYONG

YU CHUANGXIN FAZHAN DE SHIJIAN YANJIU:

YI JIANGNAN YUNHE·YANAN CHUANTONG CUNLUO WEILI

传统村落保护利用与创新发展的实践研究：

以江南运河沿岸传统村落为例

刘苏文 ◎著

中国书籍出版社
China Book Press

图书在版编目（CIP）数据

传统村落保护利用与创新发展的实践研究 ：以江南
运河沿岸传统村落为例 / 刘苏文著. -- 北京 ：中国书
籍出版社, 2024. 12. -- ISBN 978-7-5241-0177-2

Ⅰ. K928.5

中国国家版本馆CIP数据核字第202409TA06号

传统村落保护利用与创新发展的实践研究：以江南运河沿岸传统村落为例

刘苏文　著

图书策划	尹　浩　李若冰	
责任编辑	尹　浩	
责任印制	孙马飞　马　芝	
出版发行	中国书籍出版社	
地　　址	北京市丰台区三路居路 97 号（邮编：100073）	
电　　话	（010）52257143（总编室）　（010）52257140（发行部）	
电子邮箱	eo@chinabp.com.cn	
经　　销	全国新华书店	
印　　刷	天津和萱印刷有限公司	
开　　本	710 毫米 ×1000 毫米　1/16	
字　　数	230千字	
印　　张	12.5	
版　　次	2025 年 1 月第 1 版	
印　　次	2025 年 1 月第 1 次印刷	
书　　号	ISBN 978-7-5241-0177-2	
定　　价	73.00 元	

前　言

　　中国传统村落是民族发展历史的见证，是民族发展的活化石，它综合了物质文化遗产和非物质文化遗产，承载着我国悠久的历史，具有独特的艺术价值。

　　本书以中国传统村落为研究对象，首先从理论的角度对传统村落进行了系统的分析，然后对江南运河沿岸几个典型的传统村落的开发与保护进行了详细论述。第一章围绕传统村落的概念界定、特征与价值、分布与分类以及建筑类型等基本知识展开详细论述，旨在让读者全方位了解传统村落的内涵。第二章对传统村落原生性景观的保护与利用展开阐述。第三章以传统村落的旅游文化资源的开发与利用为研究对象，通过深度挖掘传统村落旅游资源开发的有效模式，促进传统村落文化的传承与发展，实现传统村落与现代社会的有机融合。第四章分别通过传统村落数字博物馆的发展、关于艺术介入传统村落保护的思考、数字孪生村落的全要素智慧营建等多维视角，阐述传统村落在大数据、人工智能、艺术介入等背景下面临的问题与发展路径。第五章至第七章将研究重点放在江南运河沿岸的传统村落。第五章以江南运河沿岸传统聚落空间的布局与形态展开论述，将受自然因素和历史文化影响而形成的独特聚落一一展现在读者面前。第六章以杨桥古村落为例，通过对其基本现状及价值体系进行分析，因地制宜地制定出适合杨桥古村落保护与更新的有效策略。第七章以江南运河沿岸多个典型传统村落为例，分别阐述了绿色技术、景观符号以及乡村聚落意象等不同视角对传统村落的保护与更新的影响。

　　本书内容丰富，案例典型，旨在为环境艺术设计者、建筑师、学术研究者等相关专业人士提供关于中国传统古村保护与利用的参考资料。通过对本书的研读，读者不仅能够深入理解传统古村落的内涵，了解到传统古村落的保护与开发模式，还能共同探索乡村改造、乡村振兴、生态保护的新途径。

目　录

理论篇

实践篇

理论篇

第一章　传统村落的基本分析

　　丰富的山水环境和历史传统文化成就传统村落的文化内涵，其蕴含大量文化遗存并具有重要的特色和保护价值。本章将从传统村落的概念、特征及价值、分布与分类以及建筑类型等内容全面解析传统村落的相关理论，为全书的研究打下坚实的基础。

第一节　聚落与传统村落认知

一、聚落：人类文明的生态单元与动态系统

（一）聚落的内涵

　　聚落作为人类聚居的基本形态，其认知需基于人地关系理论与文化生态学框架[①]。根据国际地理学界的经典定义，聚落是人类分散或集中长期生活繁衍的边界清晰单元，其本质是人与自然环境互动形成的空间－社会复合体。从系统论视角，聚落包含三大子系统——物质系统：建筑实体、土地利用格局、基础设施网络；文化系统：社会组织形态、民俗传统、非物质文化传承；生态系统：与地形、水文、气候的适应性关系。

　　传统聚落研究常陷入"重物质轻人文"的误区。聚落认知应突破建筑学范畴，引入文化基因理论，将聚落视为承载地域文化DNA的活态容器。例如江西流坑村，其"耕读文化—田园肌理—礼制空间"的三维结构，完美诠释聚落作为文化生态系统的本质。

[①] 徐峰.传统村落的适应性保护与发展[M].北京：中国建筑工业出版社，2022：1.

（二）形态分类与演变规律

聚落形态主要分为散村与集村两大类型。散村以江汉平原为典型，那里的农户呈分散居住状态，且多贴近自家耕作地，这是一种自然衍生的形态。集村以北方堡寨式村落为典型，它是在社会控制需求下形成的空间集聚形态。两者差异显著。

聚落演变并非线性进化，而是受多重因素交织影响：①自然驱动，如藏式民居通过木构坡顶、厚墙窄窗适应高寒气候；②经济驱动，工商业发展推动珠江三角洲"桑基鱼塘"聚落转型；③文化驱动，宗族制度塑造徽州村落"祠堂—水口—街巷"的空间秩序。

二、传统村落的形成

（一）传统村落形成历程

传统村落是综合物质文化遗产和非物质文化遗产的具有历史性、地域性和文化独特性的聚落。传统村落的形成可以概括为以下几个时期。

1. 原始聚落时期

在史前时期，人类主要以采集、狩猎为生，生活方式以游牧为主。随着生产力的发展和人类对自然环境的认识逐渐加深，人类开始从游牧生活向定居生活过渡，逐渐形成以家庭为单位的原始聚落。在该阶段人们的居住地点通常选在水源充足、地势较高的地方，以便于获取食物和水源，并防范野生动物的侵扰。原始聚落的建筑形式简单，主要以木材、竹子、石头等自然材料为主。原始聚落的规模较小，人口数量有限，主要以血缘关系为纽带，形成亲属共同体。

2. 农耕文明时期

在人类历史的长河中，随着农业技术的不断进步和革新，人们开始围绕着宝贵的水源和肥沃的土地资源进行聚居生活，从而逐渐形成以农耕生产为基础的村落社会。与早期的原始聚落相比，这一时期的村落规模开始显著扩大，人口数量也有了大幅度增加，农业经济开始逐步发展起来。

在农耕文明阶段，村落建筑形式呈现出多样化与复杂化的特征。除基本住宅建筑外，还出现用于储存粮食的仓库、饲养牲畜的圈舍等农业相关设施。

这一变化既反映农业生产的实际需求，也体现人们对居住环境的优化与改善意识。建筑形式的演变是生产力发展水平的直观体现，同时也与当时人们的生活观念密切相关。

与此同时，农耕村落的社会结构逐渐趋于清晰与稳定。家庭成为社会的基本单位，进而形成不同的社会阶层。在此基础上，社会职能开始有了明确划分，个体在社会中的角色与职责也更加清晰。社会结构的这种演变，为后续社会的进一步发展奠定坚实基础，反映社会分工与协作的深化趋势。

3. 封建社会时期

在封建社会时期，传统村落以宗族、家族为核心，庙宇、祠堂等建筑成为传统村落的精神中心和象征。宗族、家族是维系村落关系的主要纽带，推动村落的团结与和谐发展，也承担了一定的法治教育和道德教育职能。传统信仰在村落中占据举足轻重的地位，对村落的建筑风格、艺术表现以及村民的生活方式产生深远影响。

在封建社会时期，村落的经济发展逐渐多样化，既有农业经济，手工业、商业等非农业经济也逐渐兴起。这些经济活动为村落的繁荣和发展提供了强大的经济支撑，使村落的生活更加丰富多彩。村落还形成了独特的文化氛围和地域特色。传统的民间艺术、传统信仰、风俗习惯等在村落中得到广泛传播与传承，村落的文化底蕴更加深厚。村落的教育、科技水平也得到一定程度的提高，这些都为村落的进一步发展奠定基础。

传统村落的形成是一个漫长的历史过程，经历了原始聚落阶段、农耕文明阶段和封建社会阶段。在这个过程中，地理环境、生产方式、社会结构、传统信仰、文化传承等因素共同作用，塑造了各具特色的传统村落。这些村落不仅是人类历史和文化的载体，而且为当代社会的发展提供宝贵的经验。

（二）传统村落形成的影响因素

传统村落的形成受到人类历史上各个阶段的自然环境、历史文化、社会制度、经济发展等诸多因素的影响，如图1-1所示。

```
                                    ┌─────────────┐
                                    │  自然环境    │
                                    └─────────────┘
                                    ┌─────────────┐
                                    │  历史文化    │
                                    └─────────────┘
                                    ┌─────────────┐
                                    │  社会制度    │
                    ┌──────────┐    └─────────────┘
                    │传统村落形成│    ┌─────────────┐
                    │的影响因素 │────│  经济发展    │
                    └──────────┘    └─────────────┘
                                    ┌─────────────┐
                                    │  交通条件    │
                                    └─────────────┘
                                    ┌─────────────┐
                                    │动乱和自然灾害 │
                                    └─────────────┘
                                    ┌─────────────┐
                                    │  生产生活    │
                                    └─────────────┘
```

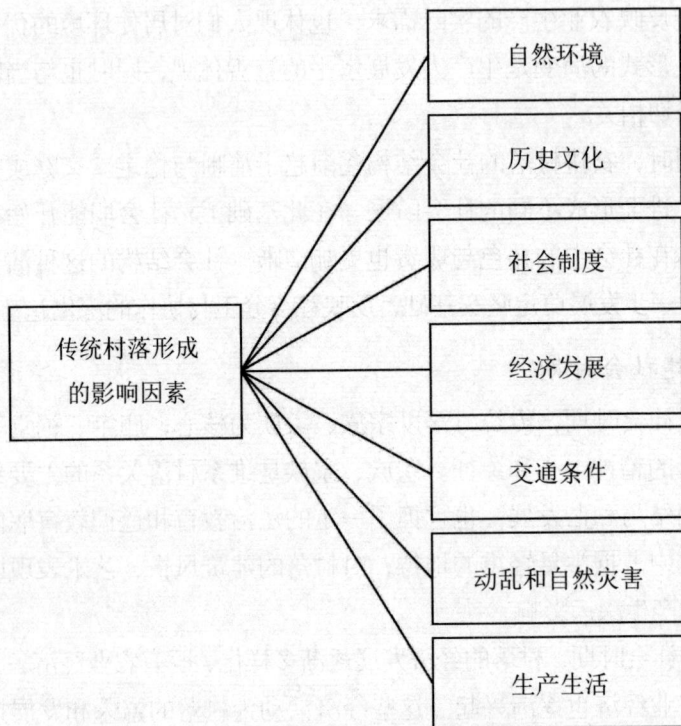

图1-1 传统村落形成的影响因素

自然环境：自然环境是影响传统村落形成的重要因素。地理环境、气候条件、水源分布等自然因素对村落的选址、布局、建筑风格等方面都会产生重要影响。例如，传统村落通常会选择建立在临近河流、湖泊等有水源的地方，以便于农业生产和居民生活。山地、丘陵、平原等不同地貌特征也决定了村落的布局和建筑风格。

历史文化：历史文化对传统村落的形成具有举足轻重的影响。不同民族和地区的文化传统、民风民俗、艺术风格等都会在村落的建筑、布局、风俗等方面体现出来。村落也是历史文化传承的重要载体，村民们通过举办各种节庆活动、民间艺术活动等方式传承和弘扬历史文化。

社会制度：社会制度是影响传统村落形成的重要因素。封建制度、土地制度、宗族制度等社会制度在一定程度上决定了村落的社会结构、权力分配以及与外界的交往。例如，在以宗族为基本单位的村落中，宗族的分布、地位等将对村落的布局和建筑产生重要影响。

经济发展：经济发展是传统村落形成的重要推动力。不同历史时期的经济发展状况会影响村落的生产方式、生活方式和人口规模等方面。例如，农耕经济的发展促使人们围绕水源和土地等资源聚集，形成以农耕为基础的村落。随着手工业和商业等经济形式的发展，村落的经济结构逐渐多样化，对其形态产生了显著影响。

交通条件：交通条件也在很大程度上影响着传统村落的形成。易于通行的地区往往有利于村落的形成和繁荣，同时也有利于村落文化、技术和资源的交流与传播；相反，交通不便的地区往往会形成相对封闭的村落，其发展可能受到一定程度的限制。

动乱和自然灾害：动乱和自然灾害也会对传统村落的形成产生影响。在动乱时期，人们可能会选择在远离战火的地区建立村落，而灾害频发的地区则可能导致村落的迁移或消失。动乱和自然灾害也可能促使人们团结一致，共同抵御外敌和自然灾害，从而加强村落的凝聚力。

生产生活：生产生活因素对传统村落的形成具有直接影响。为了满足居民的生产生活需求，村落在选址和布局上需要充分考虑农田、水源、建筑材料等资源的分布，以便于提高生产效率和改善居民生活条件。村落内部的空间布局也会根据生产生活的需要进行调整，如设置集市、作坊、祠堂等。

三、聚落与传统村落的联系

聚落与传统村落之间存在着千丝万缕的紧密联系，这种联系体现在多个维度，深刻影响着它们在历史进程中的发展与演变。下面将从本体论、方法论以及认识论这三个重要层面，深入剖析二者之间的内在联系。

（一）本体论层面：探寻本质关联，奠定联系根基

本体论层面的研究，旨在揭示聚落与传统村落最本质的内在联系，这是理解二者关系的基石。传统村落作为聚落发展的高级形态，在本体论层面与聚落存在着三重统一性。

从时间维度来看，传统村落承载着聚落历史演进的"层积记忆"。以江西抚州的流坑村为例，宋、元、明、清不同时期的建筑遗存在村内共时性呈现，这些建筑记录着村落的发展脉络，从建筑风格、布局的变化中，可以清晰洞察时代的更迭与社会的变迁。

从空间维度来看，二者遵循"山水—建筑—人文"三位一体的空间生产逻辑。皖南村落的"八景体系"是这一逻辑的典型体现，村落巧妙地将自然

山水、建筑群落与当地人文风情相融合，构建出具有独特生态美学的空间环境，展现了人与自然和谐共生的智慧。

从功能维度来看，传统村落和聚落一样，都具有生产、生活、生态的复合功能。例如哈尼梯田，它不仅是农业生产的典范，也是当地居民生活的依托，同时在生态保育方面发挥着重要作用；四合院作为传统民居，其内部的空间布局蕴含着丰富的伦理文化，是生活功能与文化功能的有机结合，而村落周边的风水林保育则体现生态功能。

通过对本体论层面的深入探究，可以为理解聚落与传统村落的联系奠定坚实的基础。

（二）方法论层面：构建发展路径，促进协同共进

在实际发展过程中，为更好地促进聚落与传统村落的协同发展，从方法论角度出发，可以构建以下双螺旋发展模型。方法论层面的研究，为实现聚落与传统村落良性互动、共同发展提供了有效途径。在乡村振兴战略的大背景下，需要建立双螺旋发展模型来推动聚落与传统村落的协同发展。

保护链。通过数字建档，利用如建筑信息模型（BIM）技术还原传统村落的营造技艺，为文化传承留下精准的数字化资料；完善法规，制定专门的村落保护条例，为保护工作提供法律保障；鼓励社区参与，成立村民保护委员会，调动村民的积极性，让他们成为保护工作的主体，从而筑牢传统村落保护的根基。

发展链。运用文化IP运营，打造如"村落元宇宙"等创新模式，提升传统村落的文化影响力和吸引力；推动产业融合，将农业与文旅、康养等产业有机结合，拓展经济发展渠道；借助科技赋能，引入智慧能源系统等先进技术，提高村落的发展质量和可持续性，为传统村落发展激发动能。

这一方法论模型，为在实践中促进聚落与传统村落的协同发展提供了清晰的指导方向。

（三）认识论层面：更新认知视角，推动持续发展

认识论层面的思考，对于以全新的视角看待聚落与传统村落的联系，推动它们在新时代实现持续发展具有重要意义。当前对于聚落与传统村落的研究亟需实现三大转向：首先，从静态保护到动态治理，需要建立包含生态补偿、文化认养等政策的制度包，以适应不断变化的社会环境和发展需求，让保护与

发展相互促进。其次，从要素割裂到系统耦合，运用空间句法理论解析桂北汉壮村落的社会空间同构性，打破以往对传统村落各要素孤立研究的局限，从整体系统的角度去理解和把握其内在联系。最后，从文化孤岛到价值网络，构建跨区域传统村落廊道，加强不同区域传统村落之间的联系与合作，实现资源共享、优势互补，形成更大范围的文化价值网络，提升传统村落的整体影响力和生命力。通过在认识论层面实现这些转变，能够以更加科学、全面的视角认识聚落与传统村落的联系，为它们的长远发展提供有力的理论支撑。

第二节　传统村落的特征及价值

一、传统村落的特征表现

传统村落的特征表现在以下方面，如图 1-2 所示。

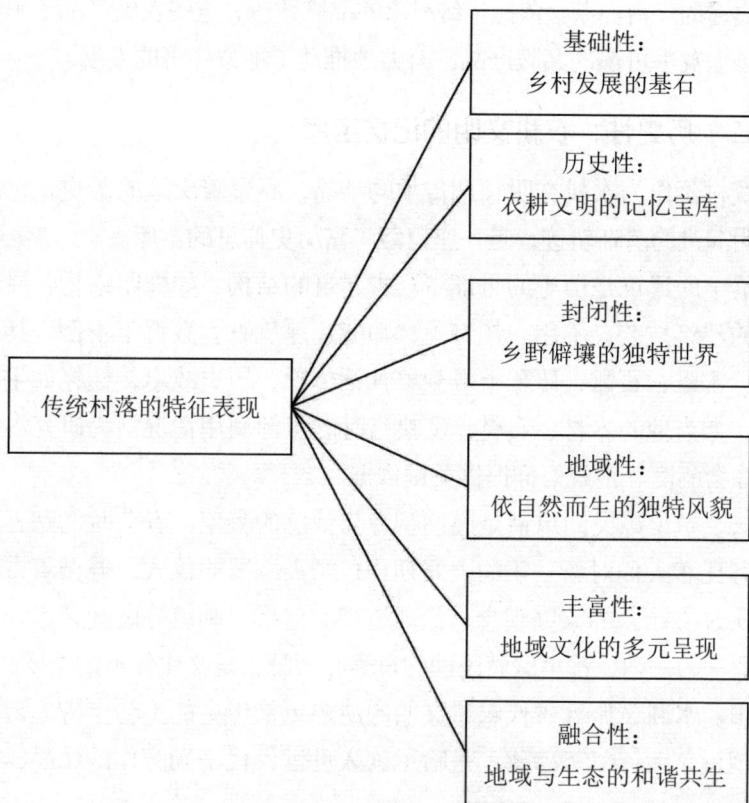

图 1-2　传统村落的特征表现

（一）基础性：乡村发展的基石

传统村落是乡村旅游及农村农业创新发展的根本基石，它在促进地方经济发展和文化传承方面，发挥着无可替代的关键作用。

乡村旅游的蓬勃兴起，在很大程度上仰赖于传统村落独特的格局。那蜿蜒曲折的石板小路，错落有致的民居分布，构成了一幅充满诗意的乡村画卷。建筑风格更是别具一格，如古朴典雅的徽派建筑，粉墙黛瓦，马头墙高耸；独具特色的客家土楼，庞大而坚固，承载着家族的记忆等。文化传统的复兴与保护，为乡村旅游注入灵魂。传统的民俗活动，如舞龙、舞狮、庙会等，吸引着八方游客，让人们在体验中感受乡村的魅力。

传统村落还维系着传统农业循环经济。农民们世世代代遵循着自然规律，春耕、夏耘、秋收、冬藏。农作物的秸秆用于喂养牲畜，牲畜的粪便又成为肥沃土地的有机肥料，形成一个完整而高效的农业循环系统。这里承载着农民的社会资本，邻里之间互帮互助，形成紧密的社会网络。中国众多传统村落，是地方名品的孕育摇篮与承载之地。例如，浙江安吉的传统村落孕育出了闻名遐迩的安吉白茶。依托传统村落的品牌效应，这些农副产品走出乡村，成为市场上炙手可热的名牌产品，有力地推动了地方经济的发展。

（二）历史性：农耕文明的记忆宝库

传统村落作为农耕文明长期传承的结晶，凝聚着深厚的历史记忆。它彰显着文明演进的清晰轨迹，是一座蕴藏丰富历史信息的宝库。

村落中的建筑是历史的见证者。古建筑的结构，如榫卯结构，展现了古人精湛的建筑技艺，不用一颗钉子，却能让建筑屹立数百年不倒。其装饰精美绝伦，木雕、石雕、砖雕上雕刻着神话传说、历史故事，栩栩如生。使用的材料，如当地的木材、石材，反映当时的资源利用情况，为研究古代建筑技艺、社会制度、传统信仰提供关键依据。

节庆、婚丧等民间风俗是民间智慧与情感的凝聚。春节时的贴春联、放鞭炮，寄托着人们对新一年的美好期望；婚丧嫁娶的仪式，遵循着古老的传统，反映过去社会的家庭观念、伦理道德。剪纸、刺绣等民间艺术作品，一针一线、一刀一剪，都承载着民间的审美和智慧，是文化传承的重要载体。

梯田、水利设施等古代农耕文明的遗迹更是历史的不朽丰碑。云南元阳梯田，规模宏大，气势磅礴，是哈尼族人世世代代辛勤劳作的结晶，记录了人与自然和谐共生的智慧和经验。这些历史元素共同构成了传统村落独特的历史价值和文化意义，是不可多得的历史文化遗产。

（三）封闭性：乡野僻壤的独特世界

传统村落多隐匿于乡野僻壤之中，在古代，交通极为不便，这导致其与外界的交往、信息流通严重不便。

人口流动少是其显著特征之一。乡土社会安土重迁的观念根深蒂固，村民们大多在出生地度过一生。以某偏远山区的传统村落为例，村里的老人，几乎从未离开过村落，他们的生活圈子局限于本村，村落人口结构长期保持稳定，鲜少出现大规模的人口流动。

土地依赖与生产封闭现象明显。农民以土地为主要生产对象，在生产力低下的过去，对土地的依附性极强。他们在自家的土地上种植粮食作物、蔬菜等，形成相对独立封闭的生产状态。生产工具简陋，生产技术靠代代相传，很少与外界交流以便创新。

生活独立与封闭也是常态。传统村落居民以家庭为单位，生产以自给自足为目的。从种植粮食到织布做衣，从饲养家禽到建造房屋，家庭内部就能完成大部分生活所需。仅在婚丧等偶发、临时情况才求助他人，这种生活模式在一定程度上限制了人际关系与思想交流。同时，村落间除了基本的徭役、兵役和诉讼外，与外界接触甚少。

（四）地域性：依自然而生的独特风貌

传统村落依山地、平原、河流、湖泊等地理环境而建，各自呈现出独特的地理风貌。

在生产与生活方面，农耕、渔猎、手工业等生产方式多样，与自然环境紧密相连。在江南水乡的传统村落，人们依水而居，以渔业和种植水稻为主，形成独特的水乡生活方式；在山区的村落，人们靠山吃山，发展林业、畜牧业，因地制宜地开展生产活动，这反映村民对环境的深刻认知与适应。

传统信仰与习俗源于对自然环境的崇拜敬畏。在山区，人们敬畏山神；在水乡，水神信仰盛行，人们祈求水神保佑水上航行安全、渔业丰收。对祖先、英雄的敬仰，也在地域文化传承中发挥着重要作用。

在生态保护方面，传统村落包含着水土保持、植树造林、土地休耕等实践。古人深知自然环境的重要性，通过封山育林等方式保护山林资源，合理安排土地休耕，以维持土地的肥力。

在选址与布局上，古人充分考量地势、气候、水源等因素。在北方，村落多选址在背风向阳的地方，以抵御冬季的寒冷；在南方，村落注重水源的获取，多靠近河流、湖泊。村落布局顺应地形，或依山而建，错落有致；或临水而居，灵动秀丽，兼顾生活需求与生态保护，为研究古代人与自然关系提供珍贵的实物资料。

（五）丰富性：地域文化的多元呈现

传统村落作为地域文化的重要载体，文化成果多元丰富。

古建筑艺术令人叹为观止。例如福建的土楼，其独特的圆形或方形建筑形式，融合木雕、砖雕等精湛工艺，既满足了家族聚居的需求，又具有防御功能。土楼内部的装饰，展现了地方特色建筑风格，承载着家族的文化记忆，彰显了古人的智慧与艺术成就，是研究、传承民族文化的珍贵资料。

民间传统艺术涵盖广泛。传统仪式，如祭祖仪式，传承着家族的信仰与道德观念，让后人铭记家族的根源。剪纸、刺绣等传统技艺，每一幅作品都凸显民族与地域文化特色。陕北的剪纸，风格粗犷豪放，以独特的造型展现当地的风土人情。苏绣以细腻、精美著称，一针一线都诉说着江南的温婉。

表演艺术丰富多彩。歌舞、戏剧融入民间故事与传奇，地方戏剧如越剧、豫剧等，以独特的唱腔和表演形式展现当地的风土人情。民间舞蹈，如蒙古族的安代舞、傣族的孔雀舞，见证了村落的发展变迁，是弘扬民族文化、促进地区交流的重要媒介。

饮食文化别具一格。地方美食、烹饪技艺与饮食习俗反映居民生活习惯、口味偏好与饮食传统。四川的火锅，以麻辣鲜香著称，体现四川人热情豪爽的性格；广东的早茶，精致多样，承载着广东人悠闲的生活态度，传承着饮食智慧。

（六）融合性：地域与生态的和谐共生

传统村落在其漫长的发展历程中，巧妙地将地域性特征与生态价值进行深度融合。

居民们在长期的生产与生活实践中，逐渐适应并充分利用了当地的自然条件。在山区，人们利用山地的坡度开垦梯田，种植农作物，既防止了水土流失，又充分利用了土地资源。在水乡，人们利用水资源发展渔业、水上运输业，形成独特的水乡经济模式。这种适应性不仅体现在日常的生产生活中，还深刻地融入传统信仰、生态保护、选址布局等多个方面。

在传统信仰方面，对自然神灵的崇拜促使人们保护自然环境。人们认为破坏自然会受到神灵的惩罚，从而自觉地维护生态平衡。在生态保护上，传统村落的植树造林、土地休耕等实践，都是对自然环境的珍视。在选址布局上，村落顺应地形，避免对自然环境造成过大破坏，同时又能充分利用自然条件，如靠近水源便于取水，背山而建可抵御自然灾害。

通过这种融合，地域性与生态价值在多个层面上相互渗透、相互促进。这种独特的融合特性生动地展现了地域的独特风貌和文化特色，凸显了生态价值的重要性。它也为多学科领域的研究者们，如人类学、生态学、建筑学等领域的研究者，提供宝贵的参考素材，为现代生态文明建设和发展提供有益的借鉴和启示，让传统村落在现代化进程中，能更好地平衡发展与保护的关系。传统村落作为人类文明的瑰宝，正以其多元特性，持续散发着迷人的魅力，等待人们去深入挖掘与传承。

二、传统村落的价值体现

传统村落在新时代仍然具有重要的价值。随着现代化进程的加速，城市化和全球化的影响越发明显，人们越来越重视对传统文化和历史遗产的保护。传统村落的新时代价值主要体现在以下方面，如图1-3所示。

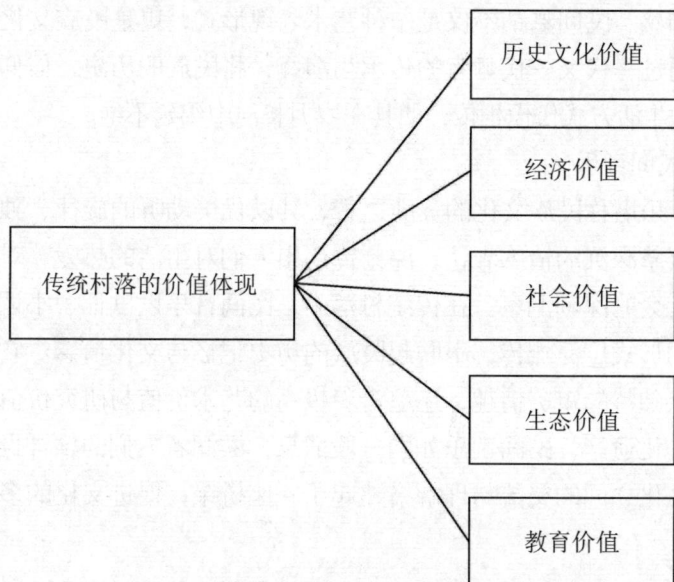

图1-3　传统村落的价值体现

（一）历史文化价值

传统村落作为历史文化的重要载体，在民族历史与文化传承中占据着无可替代的关键地位。在新时代背景下，深入挖掘、研究并传承传统村落的历史文化价值，对弘扬民族精神、培育民族自豪感以及提升文化自信心意义重大。传统村落的历史文化价值主要体现在以下三个方面。

1. 民间艺术形式丰富

传统村落孕育了形式多样、精彩纷呈的民间艺术，涵盖民间舞蹈、音乐、戏曲、绘画、工艺品等多个领域。这些艺术作品不仅彰显了各民族卓越的创造力与非凡的想象力，更是民族历史、风俗、信仰、情感等多元文化内涵的生动映照，是民间智慧的璀璨结晶，淋漓尽致地展现出民族特色。下面分别从民间舞蹈、民间音乐、民间戏曲、民间绘画与工艺品四方面，深入剖析民间艺术的独特魅力。

（1）民间舞蹈

民间舞蹈借助灵动多变的舞姿、鲜活生动的形象以及富有韵律的节奏，巧妙地演绎着民族历史、民间传说与社会生活的精彩篇章。舞者们的肢体语言、精心设计的动作以及细腻的表情，无一不是民族审美观念与深厚文化内涵的直观呈现。在民族传统节日、盛大庆典活动以及庄重仪式活动中，民间舞蹈更是不可或缺的重要元素，将民族成员紧密相连，极大地增强了民族凝聚力与认同感。民间舞蹈不仅是一种艺术表现形式，更是民族文化传承的鲜活载体，通过一代又一代舞者的传承与演绎，将民族的历史、信仰、价值观以及独特的生活方式代代相传，使其在岁月长河中绵延不绝。

（2）民间音乐

民间音乐堪称民族文化的灵魂之音，其以优美动听的旋律、独具特色的和声以及真挚深沉的情感表达，深刻传达出人们对生活的热爱、对自然的敬畏以及对社会的深刻洞察。在传统村落中，民间音乐以歌谣、小调、曲艺等丰富多样的形式广泛流传，串联起民族的历史记忆与文化情感。它不仅生动体现了民族独特的审美情趣，还蕴含着极高的艺术价值与研究价值。作为一种无形的文化遗产，民间音乐如同一股清泉，滋润着人们的精神世界，同时也为不同文化之间的交流与理解搭建起了一座桥梁，促进文化的多元共生与繁荣发展。

（3）民间戏曲

民间戏曲是民族文化宝库中的明珠，它以戏剧为独特表现形式，将民间故事、历史传说与社会生活巧妙融合，演绎出一场场精彩绝伦的文化盛宴。戏曲中个性鲜明的角色、精湛绝伦的表演、独具韵味的唱腔、悠扬动人的音乐以及美轮美奂的舞美等元素相互交织，充分展现了民间艺人卓越的艺术才华与创造力。民间戏曲不仅为民众带来了丰富的精神享受，更是一部生动鲜活的民族历史、风俗、信仰教科书。观众在欣赏戏曲表演的过程中，仿佛穿越时空，深入了解民族文化的深厚底蕴与独特魅力，感受先辈们的智慧与情感。

（4）民间绘画与工艺品

民间绘画与工艺品是民族文化的精华凝练，它们凭借美观精巧的造型、别具一格的技法以及寓意深刻的题材，生动展现了民族独特的审美观念与生活智慧。在传统村落中，壁画、年画、剪纸、陶瓷等各类民间绘画和工艺品被广泛应用于日常生活与仪式活动之中，成为民族文化传承的重要实物载体。这些作品让后人得以透过它们，窥探先辈们的生活风貌，感受民族的历史变迁与文化传承。它们不仅美化了人们的生活环境，更承载着民族的记忆与情感，成为连接过去与未来的坚固桥梁，让民族文化在岁月的流转中得以延续与发展。

2. 建筑风格多样

传统村落的建筑风格是民族文化与地域特色融合的体现。在这里，古朴典雅的木结构建筑、气势磅礴的石头民居、错落有致的四合院等各具特色的建筑相映成趣。这些独特的建筑不仅具有很高的审美价值，也是民族文化传承和地域特色的生动诠释。下面以木结构建筑、石头民居、四合院为例简要阐述传统村落的建筑风格。

（1）木结构建筑

木结构建筑是中国传统建筑的代表，以其精湛的结构技艺和优雅的造型设计闻名于世。木结构建筑既具有实用性，又具有美学价值。它的构件间既有严密的承重关系，又有美观的装饰效果。木结构建筑还体现人们对自然和谐的追求，如将建筑与周围环境相融合，强调建筑与自然的和谐共生。

（2）石头民居

石头民居是一种具有地域特色的传统建筑形式，以其坚固耐用和独特的风格受到人们的喜爱。石头民居的建筑材料主要是当地的石头，充分利用了自然资源，表现了人们对自然环境的尊重与珍惜。石头民居的建筑风格既体现民族特色，又具有很强的地域性，成为地域文化的重要载体。

（3）四合院

四合院是中国传统民居的典型形式，以其独特的布局、建筑风格和空间利用闻名。四合院的设计理念强调了家族观念、人与自然的和谐以及空间的等级性，体现了民族文化的内涵与智慧。四合院的建筑风格既有传统的韵味，又富有现代的审美情趣，为传统村落提供一种生活方式启示。

3. 文化景观多元化

传统村落的文化景观是地域文化、自然环境和人类活动共同塑造的。在这里，古老的寺庙与庙会、传统信仰和节庆习俗与民间传说等丰富多样的文化元素构成了独特的文化符号。这些文化元素不仅为民族文化传承提供有力支撑，也展现了各民族对美好生活的追求和向往。下面以寺庙与庙会、传统信仰和节庆习俗与民间传说为例简要阐述传统村落的文化景观。

（1）寺庙与庙会

寺庙与庙会是传统村落文化景观的重要组成部分，它们承载着民族的传统信仰和社会生活习惯。寺庙建筑风格独特，具有很高的艺术价值和历史价值，反映民族文化的精神内涵。庙会以丰富多样的文化表现形式展示了人们的生活习俗和精神追求。

（2）传统信仰

传统信仰是传统村落文化景观的核心内容，它们体现民族对神灵、自然和社会的尊敬与感恩。传统活动以独特的仪式和庄重的氛围，强化了民族的凝聚力和认同感。在新时代背景下，传统信仰与活动仍具有重要的文化价值和社会价值，值得人们关注和传承。

（3）节庆习俗与民间传说

节庆习俗与民间传说是传统村落文化景观的生动体现，它们以各种形式展示了民族的历史、信仰和情感。节庆习俗在民族传统节日和庆典活动中扮演着重要角色，弘扬了民族精神和文化传统，而民间传说则以生动的故事和寓意深远的主题，传达出人们的智慧和价值观念。

（二）经济价值

随着人们对生活品质的追求不断提高，乡村旅游、绿色消费、非物质文化遗产传承等逐渐兴起，传统村落成为发展乡村经济的重要资源。下面从五个方面论述传统村落的经济价值。

1. 乡村旅游

在城市化进程加速的背景下，人们对于自然、宁静、淳朴的乡村生活充满向往，乡村旅游逐渐成为人们休闲度假的热门选择。传统村落凭借其独特的地理位置、丰富的历史文化、美丽的自然风光等优势，吸引了越来越多的游客前来体验。传统村落可以借助乡村旅游的发展，带动当地经济增长，提高农民收入，促进乡村产业结构的优化升级。

2. 绿色消费

绿色消费是指消费者在购买和使用商品或服务过程中，注重保护生态环境，促进资源节约和循环利用。在人们越来越关注健康、环保的今天，绿色消费逐渐成为一种新的消费理念和生活方式。传统村落中的有机农产品、绿色手工艺品等，满足了人们对高品质生活的需求，为当地经济发展注入新动力。

3. 非物质文化遗产传承

非物质文化遗产是指各民族、地区在长期历史发展过程中创造、传承并具有代表性、历史性、文化性、价值性的非物质文化形态。传统村落作为非物质文化遗产的重要承载地，拥有丰富的民间艺术、手工技艺、民间传统等非物质文化资源。对非物质文化遗产的传承与创新可以将传统文化与现代产业相结合，发挥文化产业的经济效益，提升地区文化品牌价值。

4. 乡村振兴战略

全面推进乡村振兴是一项关乎国家经济发展和民生福祉的长远规划，旨在推动农村经济、文化、生态等多方面的全面发展。传统村落在乡村振兴战略中具有重要地位，其丰富的自然资源、历史文化、民间智慧等优势为乡村振兴提供宝贵的资源基础。发挥传统村落在农业、旅游、文化产业等领域的潜力，可以为乡村振兴战略注入新活力，促进乡村经济与社会的全面繁荣。

5. 文化产业

文化产业作为当代经济发展中极具活力的重要组成部分，其范畴广泛且意义深远。它以文化资源、文化产品以及文化服务为核心主体，巧妙借助创意构思、先进技术手段以及广阔市场平台，全方位地展开生产、交流与传播活动。这一产业模式，正逐步重塑着社会的经济结构与文化生态。

在文化产业的宏大版图中，传统村落拥有着极为丰富的文化资源。这里留存着代代相传的民间艺术，每一个舞姿、每一段唱腔都诉说着古老的故事；承载着珍贵的非物质文化遗产，从精美的手工技艺到神秘的民俗仪式，无一不是民族智慧的结晶；那历经岁月洗礼的古建筑，飞檐斗拱、青砖黛瓦，无声地见证着历史的变迁。这些宝贵的文化资源，为文化产业的创新发展提供得天独厚、无可替代的优势。

如今，传统村落紧跟时代步伐，积极与现代科技手段深度融合。通过数字化技术，对民间艺术进行记录与整理，利用虚拟现实技术让人们仿若穿越时空，亲身感受古老民俗的魅力；借助大数据分析市场需求，对文化资源进行精准整合与创新。在此基础上，开发出一系列如特色文化旅游线路、文创产品等具有强大市场竞争力的文化产品和服务，不仅让传统村落的文化得以更广泛的传播，也为地区经济发展注入源源不断的新动力。

（三）社会价值

传统村落在社会结构、人际关系、乡村治理等方面，为现代社会提供借鉴和启示。在现代化进程中，保持社会和谐、维系乡村纽带是传统村落所能提供的珍贵经验。下面从四个方面论述传统村落的社会价值。

1. 亲情纽带与乡土认同

传统村落中的家族观念和亲情纽带在现代社会仍具有重要意义。在当前社会快速发展的背景下，家族关系、邻里关系、乡土文化等方面的传承有助于维护社会和谐与稳定。尤其是在城市化进程中，传统村落中的亲情关系和乡土认同对于缓解现代社会中人心疏离等问题具有深远的启示作用。传统村落中的家族观念强调血缘关系、亲情责任，以及家族荣誉，这种观念在现代社会中仍然具有一定的指导价值。家族观念的传承可以强化家庭成员间的责任意识，促进家庭和睦，为社会发展提供稳定的基础，同时，乡土认同感的强化有助于增强民族凝聚力，增强文化自信，为民族复兴注入源源不断的动力。

2. 乡村治理与民间自治

传统村落在乡村治理方面具有丰富的经验和独特的优势。民间自治、乡村规范、民主协商等传统治理方式对于现代社会治理具有借鉴价值。传统村落中的乡村治理模式有助于提高凝聚力和自治能力，实现有效、高效的乡村治理。借鉴传统村落的治理经验，现代社会可以更好地应对各种社会问题，实现乡村治理的现代化。通过民间自治，鼓励居民积极参与乡村建设，强化乡村民主协商，实现民生问题的公平解决，从而推动乡村治理更好地适应现代化进程，为全面推进乡村振兴提供支持。

3. 人际关系

在传统村落的生活画卷里，人际关系呈现出丰富而温暖的模样。以亲情、友谊、邻里为多元纽带，强调和谐共处、互助互爱的人际关系，有着不可估量的积极意义。它有力地维护着村落社会的和谐稳定，让每一个村民都能在其中感受到归属感与安全感。在促进社会发展方面，它激发着村民们齐心协力建设家园，共同推动村落的经济、文化进步。

步入现代社会，传统村落更应重视这份珍贵的人际关系。通过组织各类民俗活动、邻里互助会等形式，持续倡导和谐共处、互助互爱的价值观，努力营造温馨、美好的社会氛围，让传统村落的人际关系在新时代绽放新光彩，为村落发展注入源源不断的精神动力。

4. 道德观念与文化传承

传统村落中的道德观念与文化传承对于现代社会具有重要启示。诚信、孝顺、忠诚、勤劳等传统美德在现代社会仍具有积极意义。通过传承和弘扬传统美德，有助于培育良好的社会风气，提高人们的道德素质和行为规范。

传统村落中的故事、传说、习俗等文化元素有助于增强民族文化认同感和凝聚力。传统村落应当注重道德观念和文化传承，推动社会发展和经济变革。倡导诚信、孝顺、忠诚、勤劳等传统美德，可以促进人们自觉遵循社会规范，提高道德水平，塑造和谐、美好的社会氛围。

（四）生态价值

传统村落往往与自然环境紧密相连，保留了丰富的生态资源和传统农耕文化。这些村落在千百年的历史长河中形成与自然和谐共生的生态观念和实践。这种独特的生态价值对于生态保护和可持续发展具有重要意义。下面从五个方面论述传统村落的生态价值。

1. 传统农耕文化与生态知识

传统村落中的农耕文化与生态知识是民族智慧的结晶，体现人与自然和谐共生的价值观。这些知识涵盖了土地利用、水资源管理、农作物种植、畜牧养殖等多个方面，对于维护生态平衡和促进可持续发展具有重要意义。在现代社会背景下，传统村落应当珍视和传承这些传统农耕文化与生态知识，为现代农业生产和生态环境保护提供有益借鉴。

2. 生物多样性保护

传统村落常常拥有丰富的生物资源，包括珍稀植物、动物和微生物等。这些生物资源是地球生物多样性的重要组成部分，对于维护生态平衡和促进可持续发展具有重要意义。传统村落在保护生物多样性方面具有独特优势，如地理位置偏僻、生态环境相对原始、人类活动影响较小等。因此，在保护生物多样性方面，传统村落应当充分发挥自身的优势，加强生态保护和资源管理，为生态环境保护作出贡献。

3. 生态环境保护与修复

传统村落往往拥有良好的生态环境，如清澈的河流、茂密的森林、肥沃的土壤等。生态环境中的资源是地球生态系统的重要组成部分，对于维护生态平衡和促进可持续发展具有重要意义。然而，在现代化进程中，传统村落的生态环境面临着诸多挑战，如土地资源紧张、水资源污染、生态退化等。因此，传统村落应当积极保护和修复自身的生态环境，采取科学合理的生态治理措施，确保生态资源的可持续利用。传统村落还应该借鉴生态智慧，加强生态环境教育，提高公众的生态保护意识和参与度，形成人与自然和谐共生的良好局面。

4. 绿色生产与可持续发展

传统村落在农业生产和日常生活中，形成了一系列绿色生产与消费的习惯和技术，如节水灌溉、有机肥料、生物防治等。这些绿色生产与消费方式对于促进生态环境保护和可持续发展具有重要意义。在现代化进程中，传统村落应当吸收绿色生产与消费经验，推广绿色农业、绿色产业和绿色生活，促进生态可持续发展。国家应加强对传统村落的产业扶持和技术培训，提高农村绿色发展水平，实现经济、社会与生态的全面协调发展。

5. 生态旅游与文化传承

传统村落，这些充满历史韵味和自然魅力的地方，拥有着丰富的生态资源、独特的历史文化和令人陶醉的自然景观，它们具有巨大的生态旅游潜力。生态旅游作为一种旅游方式，不仅能够促进传统村落的经济发展，还能够有效地弘扬和传承那些珍贵的民族文化，同时提高公众的生态意识和文化认同感。在积极发展生态旅游的同时，传统村落应当特别注重保护自身的生态环境和文化遗产，避免因过度开发和商业化而带来负面影响，确保生态旅游的可持续发展。国家应加强对传统村落的文化传承和生态保护的宣传工作，让更多的人了解和关爱这些传统村落，共同为生态文明建设作出积极的贡献。

（五）教育价值

传统村落作为历史文化的载体，具有丰富的教育价值。对传统村落的研究和保护，可以增进人们对民族文化、历史的了解，提高民族认同感，为增强民族自豪感提供支持。下面从五个方面论述传统村落的教育价值。

1. 历史教育的实践基地

传统村落作为历史的见证者，积淀了世代相传的文化、习俗和故事。这些独特的文化景观为开展历史教育提供生动的实践基地。实地考察和参观传统村落，可以使人们更加直观、生动地了解历史，感受民族文化的独特魅力。

通过与村民的互动交流，师生可以深入了解村落的发展变迁、民间故事和传统习俗，从而培养历史素养，增强对民族历史的认同感。传统村落的保护和利用为历史教育的研究提供丰富的实践资源。教育工作者可以借鉴传统村落的成功经验，制定更加科学、系统的历史教育方案，提高学生的综合素质和历史素养。

2. 民族文化的传承与弘扬

传统村落中蕴藏着丰富的民族文化资源，如民间艺术、手工技艺、建筑风格等。这些文化资源是民族文化传承与弘扬的基石，对于增强民族自豪感具有重要意义。

通过对传统村落的保护和研究，可以发现、挖掘、传承民族文化的瑰宝，为民族文化的弘扬作出贡献。在此过程中，教育工作者可以将关于民族文化的研究成果应用于教育实践，使学生在学习传统文化的同时，激发创新精神和创造力。民族文化的传承与弘扬还可以促进各民族间的文化交流与合作，增进民族团结与和谐。

3. 地域文化教育的典范

传统村落是地域文化的载体，体现各地区特色和风俗习惯。通过对传统村落的研究，可以了解不同地域文化的特点和渊源，培养人们的地域文化认同。

地域文化教育还有助于增进各民族、地区之间的相互了解和尊重，促进民族团结与和谐。在教育实践中，教育工作者可以引导学生关注地域文化差异，培养他们的文化包容心态，促进文化多样性的发展。地域文化教育可以通过实地考察、交流活动等形式进行，使学生更加直观地感受地域文化的独特韵味，拓宽他们的视野。

4. 生态文明教育的启示

通过对传统村落的研究，人们可以了解生态文明的重要性，认识到和谐共生、可持续发展的理念。在教育实践中，教育工作者可以将生态文明理念融入课程体系，引导学生关注环境保护、资源节约等问题，培养他们的生态意识和环保行动力。

实地考察传统村落的生态文化，有助于学生了解传统农耕文化、民间智慧与可持续发展的关系，从而提高他们的生态文明素养。

5. 艺术教育与创新思维

传统村落中的民间艺术、建筑风格等艺术形式为开展艺术教育提供丰富的资源。学习和研究这些艺术形式，可以激发人们的创新思维，培养艺术鉴赏能力和创作才华。传统艺术与现代科技的结合为艺术教育带来新的发展方向，提高了艺术教育的现代化水平。在教育实践中，教育工作者可以将传统村落中的艺术资源与现代教育手段相结合，引导学生对传统艺术进行深入研究和创新实践。教育工作者还可以鼓励学生将传统艺术与现代科技相结合，创作出具有现代意义的艺术作品。

第三节　传统村落的分布与分类

一、传统村落的空间分布

（一）按批次分布

1. 传统村落空间分布格局

传统村落按批次分布，可以清晰呈现出传统村落的全国空间分布格局。研究发现，中国传统村落的分布存在显著的不均衡性。这种不均衡性主要表现在两个方面：一是地域分布的不均衡，二是省份分布的不均衡[①]。

（1）地域分布不均衡

从地域分布来看，东部和中南部地区传统村落数量众多，而北部和西部地区分布较少。具体而言，东部沿海地区和中南部地区，如江苏、浙江、安徽、江西、湖南、湖北等省份，传统村落数量较多。这些地区自然条件优越，历史上经济文化较为发达，为传统村落的形成和发展提供良好的基础。例如，江苏省的传统村落主要分布在苏南和苏中地区，这些地区经济繁荣，自然环境优美，传统村落得到较好保护和发展。北部和西部地区，如新疆、西藏、青海、甘肃等省（自治区），传统村落数量相对较少。这些地区自然环境相对恶劣，交通不便，经济发展相对滞后，传统村落的留存数量相对较少。

（2）省份分布不均衡

从省份来看，贵州省、云南省、湖南省传统村落数量较多。贵州省拥有丰富的少数民族文化资源和独特的自然景观，传统村落数量众多，如黔东南苗族侗族自治州的西江千户苗寨等。云南省以其多元的民族文化和独特的高原地理环境著称，传统村落分布广泛，如大理白族自治州的喜洲古镇等。湖南省的传统村落主要分布在湘西和湘南地区，这些地区历史文化底蕴深厚，自然景观独特，如湘西土家族苗族自治州的凤凰古城等。

---

① 徐峰. 传统村落的适应性保护与发展 [M]. 北京：中国建筑工业出版社，2022：50.

2. 分布特征与影响因素

传统村落的分布特征与我国自然地理环境、历史发展进程以及社会经济状况密切相关。自然地理环境是影响传统村落分布的重要因素之一。东部和中南部地区自然条件优越，气候适宜，土地肥沃，水资源丰富，为传统村落的形成和发展提供良好的自然基础。北部和西部地区自然环境相对恶劣，气候干燥，土地贫瘠，水资源短缺，交通不便，这些因素限制了传统村落的发展和留存。

历史发展进程也是影响传统村落分布的重要因素。东部和中南部地区历史上经济文化较为发达，是中华文明的重要发祥地之一。这些地区在历史上经历了长期的农业文明和商业文明的发展，形成丰富的历史文化遗产和独特的社会结构。传统村落作为历史文化的载体，得以在这些地区大量留存和发展。北部和西部地区在历史上受交通、经济等因素制约，传统村落的留存数量相对较少。

社会经济状况对传统村落的分布也有重要影响。经济发展水平较高的地区，传统村落得到较好的保护和发展。例如，江苏省的苏南地区经济发达，政府和社会各界对传统村落的保护意识较强，投入了大量的资金和资源进行保护和修复。经济发展相对滞后的地区，传统村落的保护和发展面临较大挑战。例如，贵州省的一些偏远山区，由于经济条件有限，传统村落的保护和修复工作相对滞后。

3. 批次分布特征

从批次分布来看，传统村落的分布也呈现出一定的特征。早期批次的传统村落主要集中在经济文化较为发达的地区，如江苏、浙江、安徽等省份。这些地区的传统村落在历史上得到较好的保护和发展，具有较高的历史文化价值和艺术价值。随着批次的推进，传统村落的分布逐渐向中西部地区扩展。例如，贵州省、云南省、湖南省等省份的传统村落数量在后期批次中逐渐增加。这些地区的传统村落虽然在历史上相对较少受到关注，但随着人们保护意识的提高和经济条件的改善，逐渐被纳入保护范围。

（二）按国家级文化生态保护区分布

国家级文化生态保护区，是以保护非物质文化遗产为核心，对历史文化积淀深厚、存续状态良好且具有重要价值和鲜明特色的文化形态进行整体性保护的特定区域，由文化和旅游部批准设立。在这些保护区内，传统村落作为重要的文化遗产组成部分，受到更为严格的保护与传承。国家级文化生态保护区的设立为传统村落之间搭建了交流与合作的平台，推动文化资源的共享与利用。在保护区内，各传统村落相互借鉴发展经验，共同探索保护与发展的新模式，形成良性互动机制，为传统村落的保护与传承注入新动力。

1. 保护区内传统村落的严格保护与传承

在国家级文化生态保护区中，传统村落得到更为严格的保护。这些保护区的设立，旨在对历史文化积淀深厚、存续状态良好且具有重要价值和鲜明特色的文化形态进行整体性保护。例如，黔东南民族文化生态保护区、闽南文化生态保护区、徽州文化生态保护区等，都在保护和传承传统村落方面发挥了重要作用。在这些保护区内，传统村落的建筑、民俗、技艺等文化遗产得到系统的保护和传承。以黔东南民族文化生态保护区为例，该保护区内的西江千户苗寨等传统村落，通过实施一系列保护措施，如修缮古建筑、传承苗族刺绣等非物质文化遗产，使得这些传统村落的文化内涵得到有效保护和传承。

2. 促进传统村落之间的交流与合作

国家级文化生态保护区的设立，为传统村落之间搭建交流与合作的平台。在保护区内，各传统村落可以相互借鉴发展经验，共同探索保护与发展的新模式。

交流与合作，不仅促进传统村落之间的经验分享，还推动文化资源的共享与利用。例如，河池市通过开展"铜鼓文化进社区、进乡村、进校园、进景区"活动，让铜鼓文化深入人心，同时也促进当地传统村落的保护与发展。

3. 推动文化资源的共享与利用

在国家级文化生态保护区中，文化资源的共享与利用得到有效推动。保护区内各传统村落通过合作，共同开发和利用文化资源，实现了文化资源的最大化利用。例如，南丹县依托生态区建设，2024年文旅综合收入突破80亿元，成为"非遗＋旅游"融合发展的典范。这种模式不仅促进传统村落的经济发展，还推动文化资源的传承与创新。

保护区内还通过数字化技术，实现了传统村落文化遗产的数字化保护和传播。例如，浙江省杭州市开发了传统村落数字化管理信息系统，通过三维实景、视频、图文等形式，全面展示传统村落的建筑与文化。这种数字化保护和传播方式，不仅提高了传统村落的知名度，还促进文化资源的共享与利用。

4. 形成良性互动机制

在国家级文化生态保护区中，各传统村落之间形成良性互动机制。这种机制不仅促进传统村落的保护与传承，还推动传统村落的可持续发展。例如，安徽省绩溪县通过开展"数字保护绩溪"项目，完成了全县31个中国传统村落数字化建设，建成了数字化非遗馆、绩溪民歌民谣部落等，呈现了传统村落中的各项非遗资源。这种数字化保护和传播方式，不仅提高了传统村落的保护水平，还促进传统村落之间的交流与合作。保护区内还通过举办各种文化活动，如艺术节、民俗节等，促进传统村落之间的互动与交流。例如，河池市通过举办河池铜鼓山歌艺术节等，让铜鼓文化深入人心。这种文化活动的举办，不仅丰富传统村落的文化生活，还促进传统村落之间的良性互动。

5. 为传统村落保护与传承注入新动力

国家级文化生态保护区的设立，为传统村落的保护与传承注入新动力。在保护区内，传统村落得到更为严格的保护与传承，通过交流与合作，传统村落之间的经验得到有效分享，文化资源得到充分利用。例如，广西壮族自治区灌阳县建立了传统建筑"普查—测绘—孪生—重生"数字化保护模式，通过倾斜摄影、三维扫描等技术，完成了历史建筑数字建档、历史建筑和文物建筑数字测绘和三维孪生建模等工作。这种数字化保护模式，不仅提高了传统村落的保护水平，还为传统村落的传承与发展提供新的途径。保护区内还通过引入社会资本、加强基础设施建设等方式，推动传统村落的可持续发展。例如，福建省出台全国首部专门保护传统风貌建筑的地方性法规，探索上网租养古厝、开展古厝经营收益权质押贷款等模式。这种创新模式，不仅解决传统村落保护的资金问题，还促进传统村落的经济发展。

二、不同视角下的传统村落分类方法

（一）传统村落的分类方法概述

属性分类法是基于传统村落多元复杂特性制定的单一视角分类方法，具有操作简便、适应性广、能直观呈现村落属性特征的优势。该方法涵盖自然生态、历史人文、社会经济、建成环境以及发展引导五大类别，下设 26 个子项分类因子，构建了覆盖全面、类型辨识度高且利于引导的分类指标系统，为传统村落的分类界定、保护发展策略制定以及分类识别提供重要依据。

综合分类界定突破单一属性分类的局限，基于对村落综合特征与状态的总体判断进行划分，体现村落的现状、价值特征以及未来发展趋势。它融合单一属性的研究成果与影响因素，依托村落综合价值特征，结合发展状态和政策导向，构建三维指标体系进行分类。由于中国传统村落具有自然生态、历史人文、社会经济等多重属性，当前对单一属性要素的分析已较为成熟，但综合多属性的研究仍有待加强。

（二）基于不同视角的分类细则

1. 自然生态视角

基于自然生态的分类旨在明确不同自然生态要素对传统村落的影响，以及在保护与发展中应重点关注的要素和层次，进而制定适宜的分类保护措施与发展规划，具体从地形地貌、自然灾害、生态脆弱性和自然景观四个方面展开。

地形地貌分类：我国地域广袤，地形地貌复杂多样，传统村落依此可大致分为五类：山地传统村落多分布于闽粤丘陵地带和云贵川地区，海拔 500 米以上，地形起伏较大，拥有独特的自然防御功能和壮丽景观，农业多样化，建筑风格与地形相适应，山地文化丰富，但交通相对不便。盆地传统村落分布于四大盆地及山地、丘陵、高原地区的小型盆地，如云贵高原的"坝子"，四周高、中部低的地形影响其发展。丘陵传统村落位于高度不超过 500 米、相对高度不超过 200 米、地势起伏和缓的地区，分布广泛。平原传统村落地处地势低平、起伏和缓、相对高度一般不超过 50 米、坡度在 5° 以下的区域，以农业为主要经济支柱，空间布局规整，农业文化丰富，村民生活节奏稳定，社群关系紧密。高原传统村落位于海拔 500 米以上的大片高地，如四大高原地区，具有独特的地理环境和文化特色。

自然灾害分类：自然灾害对传统村落与建筑的保护与发展影响重大，依据其破坏程度，可分为严重、一般和较少三类。地震、干旱、洪涝等自然灾害具有广泛性、不确定性、周期性、严重性和不可避免性等特征，不同程度地威胁着传统村落的安全与存续，影响其保护与发展策略的制定。

生态脆弱性分类：生态脆弱性是生态系统对外界干扰的敏感反应和自我恢复能力，传统村落作为独特生态系统，其生态脆弱性各异。据此可分为三类：生态脆弱性极高的村落，对外界干扰自我恢复能力极低，面临较强干扰时消失风险大；生态脆弱性低的村落，恢复能力强，不易受外界干扰影响；生态脆弱性一般的村落，对干扰有一定敏感性，但自我修复能力相对较强。这种分类有助于针对不同村落制定差异化的保护开发策略。

自然景观分类：中国地域差异大，传统村落自然景观各具特色。自然景观包括天然景观和人为景观的自然方面，其中人为景观不涉及经济、社会特征。以自然景观为依据，传统村落可分为地文景观村落、气候天象景观村落、水域风光村落和生物景观村落。其中，地文景观村落以地文景观为主；气候天象景观村落以气象景观和天气现象为典型；水域风光村落以水域景观为代表；生物景观村落以生物景观为特色。

2. 历史人文视角

传统村落的形成发展与特定历史环境和人文要素紧密相连，基于历史人文的分类方法可从以下七个方面进行考量。

历史久远度分类：我国历史悠久，不同时期形成的传统村落各具特色，反映当时的风土人情和人地关系，具有不同的保护需求和价值。通过探究村落最早建成年代及其发展，借助最古老的建筑及文物、相关历史记载、族谱等资料，可依据历史久远度对传统村落进行分类，为精准保护提供依据。

历史性职能分类：传统村落的历史性职能可分为农耕型、交通枢纽型、商贸集市型、府邸名望型、民族村寨型。农耕型村落以农业生产为主，是传统村落的主体；交通枢纽型村落位于行政边界、重要关卡或行政中心外围，为行人和商贩提供服务；商贸集市型村落地处物产丰饶、交通便利或边境地区；府邸名望型村落由文化名人或宗族首领所建，选址注重风水，与自然融合；民族村寨型村落多为少数民族聚居地，民族风情浓郁。

文化生态保护区分类：传统村落是文化与自然环境、社会组织等多方面相互作用形成的独特文化生态系统，具有动态性、开放性和整体性特点。在文化生态保护区框架下，依据村落所处文化生态保护区的不同进行分类，有助于保护和传承其文化生态系统的完整性，使其在现代社会中持续焕发生机，成为传承中华优秀传统文化的重要载体。

宗族姓氏分类：基于宗族姓氏，传统村落可分为单姓村、多姓村、主姓村。单姓村由单一宗族占主导；多姓村存在数个势均力敌的宗族；主姓村由数个宗族构成，其中某一大姓宗族势力较强，或控制其他小姓宗族，或形成大小姓宗族相互制衡的局面。这种分类反映村落的宗族结构和社会关系。

民族聚居区分类：我国是多民族国家，民族文化丰富多样，对传统村落的布局、建筑等产生重要影响。基于民族聚居特点，传统村落可分为汉族聚居区、少数民族聚居区、汉族与少数民族杂居区三类，体现不同民族文化在村落中的呈现形式。

传统文化习俗分类：传统文化习俗作为文化遗产，包括物质、制度和精神层面的文化实体与意识。依据国务院相关办法，其可分为口头传统和表述、表演艺术、风俗礼仪节庆、有关自然界和宇宙的知识和实践、传统手工艺技能五类。我国传统村落多以传统文化习俗为载体形成独特风貌，以此分类有助于深入理解和保护村落的文化特色。

文化区分类：文化区是文化事物、现象和系统覆盖的区域。同一文化区的传统村落在选址、建筑风格和传统习俗等方面具有相似性。据此，传统村落可分为齐鲁文化区、燕赵文化区、三秦文化区、三晋文化区、楚文化区、吴越文化区、巴蜀文化区以及其他文化区（如岭南文化区、东北文化区）村落。

3. 社会经济视角

集聚提升类村落：区位条件优越，交通便利，人口规模巨大，基础设施完善，产业发展基础良好，对周边村落有辐射带动作用。在社会经济方面，能促进产业升级，形成产业集群；改善人居环境，吸引人才定居；增强村落活力；推动城乡融合发展；注重保护文化风貌，延续历史文化脉络。

城郊融合类村落：地处县城近郊或城市边缘镇，具有承接城镇外溢功能的优势。在产业融合上，借助地理优势发展特色农业、乡村旅游等，实现城乡产业互补。通过加强基础设施建设、推进公共服务共建共享、合理利用土地资源、注重生态保护和政策支持等，推动城乡融合，实现新型城镇化与乡村振兴目标。

特色保护类村落：包含历史文化名村、传统村落等资源丰富的村落。在文化遗产保护上，遵循因地制宜、逐步推进、分级分类的原则，保护历史文化价值、传统格局风貌及自然景观生态功能。其经济价值体现在旅游经济、文化经济等方面，通过发展乡村旅游和文化产业，带动村落发展，提高村民生活质量。

搬迁撤并类村落：多位于生存条件恶劣、生态环境脆弱等地区，或是因重大项目建设、人口流失严重需搬迁。安置政策尊重农民意愿，有多种安置方式，注重基础设施建设与合理补偿。生态补偿机制包括生态修复、保护，合理利用增减挂钩收益和保护耕地等，通过科学规划和法律保障，确保搬迁工作顺利进行，实现农村可持续发展。

4. 建成环境视角

传统村落的建成环境是人类适应和利用自然环境的结果，反映自然条件和文化特色，可从以下四个方面进行分类：

选址特征分类：传统村落选址体现人地关系，受地形、地质、水源等风水因素影响，山水关系是关键。根据村落布局与山水的关系，可分为近山近水、近山远水、近水远山、远水远山四种类型，每种类型反映不同的选址智慧和居住文化。

传统建筑风格分类：传统村落中的乡土建筑展现了显著的地域特色，其中民居尤为突出。鉴于我国幅员辽阔、民族众多，传统民居在不同地区表现出明显的差异性。根据地域特征，可以将这些建筑细分为华北民居、东北民居等多种类型，这些不同的建筑风格共同构成了传统村落特色的重要组成部分。

村落格局形态分类：村落格局形态反映村落的营造文化、生产生活方式和乡土特征。从个体村落格局形态可分为点状、带状、块状、团状村落；从组团关系可分为散点式、串珠式和团块式，体现村落发展过程中的空间组织形式。

交通区位环境分类：交通区位环境影响村落形态和发展速度。不同时期交通运输方式的差异形成多种聚落分布形态。根据传统村落至公路和县级市的最近距离，可分别划分为可达性较高、一般、较低三个等级，为评估村落发展潜力和规划交通设施提供参考。

5. 发展条件视角

从发展条件出发，对传统村落进行分类，有助于针对性地制定发展策略。

村庄自治参与程度分类：村庄自治参与程度反映村落中村民自治能力和管理机制的系统程度，对传统村落可持续发展意义重大。据此可分为自治参与程度强（多为宗族历史渊源村落和少数民族村落）、一般（一般性村落，与现代村庄管理结合）、弱（多为经济发达地区伴随城镇化的现代村庄管制型村落）三类。

产业融合程度分类：村落产业融合程度体现为产业发展特征和与区域的融合成熟度。据此可分为发展成熟型（产业具有规模效益和知名度，区域融合好，周边城市支撑度高）、市场介入型（有产业发展前景和市场资本介入条件，但需引导）、融合程度低型（以本土原生态第一产业为主，开发程度低，区域融合弱）三类。

基础设施条件分类：农村基础设施是村落发展的基础，包括交通邮电、农田水利等多方面设施。根据基础设施的完善程度，村落可分为基础设施条件完善、一般、差三类，为改善村落基础设施建设提供分类依据。

6. 综合分类视角

综合分类全面考量村落的综合价值、发展状态和政策支撑等因素，构建了科学的分类体系。

综合分类界定指标：综合价值维度依据价值评价结论，按照综合价值高低、领域等因素划分传统村落价值类型，并制定相应的保护和展示利用措施。发展状态维度通过对村落生态环境、基础设施等多方面因素的定性和定量评估，确定村落发展的综合条件。政策支撑维度涵盖村落所在区域的宏观政策和单体具体政策，包括保护鼓励政策、产业发展政策等，为村落发展提供政策支持。

四种传统村落类型：基于综合价值评估、发展条件评价和政策支持力度，通过三维综合矩阵将传统村落划分为四种引导类型。濒危扶持类村落需重点提升基础设施和环境，因其综合价值低，产业发展受限，需政策大力扶持以摆脱濒危状态。保护改善类村落综合价值高但发展条件滞后，应坚持保护为主、适度改善的原则，政策应引导其传承特色、改善人居环境。发展提升类村落发展条件好、政策支持强，应充分挖掘资源优势，提升综合实力，发展特色产业。创新发展类村落保护与发展平衡，已进入良性发展阶段，具有示范效应，应进一步创新发展，政策需提供创新引导策略。

三、传统村落分类列举

（一）根据地形地貌分类列举

山地村落：分布于山区，地形地貌独特，地势险峻，自然防御功能强且景观壮丽。农业呈现多样化，交通不便但有利于保护生态和传统文化，建筑风格与地形相适应，山地文化丰富，如福建土楼所在的部分村落，充分利用山地地形，建筑兼具防御和居住功能，同时拥有独特的客家文化。

平原村落：地处平原地区，土地肥沃、气候适宜，以农业为主要经济支柱，空间布局规整，农田、水系和交通设施完善。拥有悠久的农耕文化，村民生活节奏稳定，社群关系紧密。像华北平原的一些村落，一望无际的农田，规整的村落布局，体现典型的平原村落特色。

水域村落：水系发达，拥有丰富的水资源，为水产、灌溉和航运提供便利。以渔业和水上交通为经济支柱，建筑和生活方式与水紧密相关，水域文化独特。例如，江南水乡的周庄、乌镇等，依水而建的建筑和独特的水上交通和渔业文化，吸引大量游客。

（二）根据经济类型分类列举

农业村落：以农业生产为主导，紧密地依赖于土地资源。这些村落中农耕文化和乡土风俗极为丰富。它们不仅体现世代农民的智慧和辛劳，还承载着历史的沉淀和传统的生活方式①。

渔业村落：主要依赖于水域资源，渔业是其主要的经济来源。渔村文化具有鲜明的特色，如浙江舟山渔村，渔业捕捞和养殖是当地居民的主要生计方式。这些地方拥有独特的渔业生产方式和深厚的渔家文化，反映人与海洋的密切关系。

手工业村落：以手工制品的生产与销售为主业。这些村落的传统手工艺技能非常丰富，产品不仅具有地方特色，而且深受市场欢迎。民间技艺和工艺文化底蕴深厚，体现劳动人民的创造力和对美的追求。

牧业村落：主要分布在适宜放牧的草原、高原地区，以畜牧业为主要经济支柱。它们拥有丰富的游牧民族文化，反映牧民与自然环境的和谐共生，以及独特的游牧生活方式和文化传统。

（三）根据文化特征分类列举

民俗文化型村落：拥有丰富的民俗文化，包括物质、精神和社会民俗等方面。民俗活动多样，生活方式与民俗文化紧密相连，注重民俗文化的传承

---

① 韩素娟. 传统村落的保护与创新发展之路 [M]. 北京：中国商业出版社，2023：11.

和保护。例如，山西平遥的一些村落，保留了大量明清时期的建筑，每年举办的平遥年俗活动，充分展示了当地的民俗文化。

生态文化型村落：以优美的自然生态环境为特色，重视生态文化的传播与保护，注重发展生态农业。例如，浙江安吉的部分村落，依托良好的自然环境，发展生态农业和乡村旅游，村民和游客的生态保护意识较高。

艺术文化型村落：以某种艺术形式为特色，艺术形式丰富且与当地环境相关，重视艺术的保护、传承和文化交流活动。

第四节　传统村落的建筑类型

一、传统村落中的功能建筑

（一）祠堂：重要的礼制建筑

祠堂是中国传统村落中重要的礼制建筑，代表宗族文化，具有供奉祖先、举行传统典礼的功能。它包含神龛、牌位和祭器，有的还有儒雅名号。大宗祠是宗族活动的核心，小宗祠则纪念杰出先辈。祠堂通常封闭，有围墙、照壁、门屋、正厅和两庑，大型祠堂可能还有戏台。

（二）庙宇：信仰与祈愿的寄托

传统村落中庙宇所供奉的神祇多与村民的日常生活紧密相关，如财神、灶君等，反映村民对美好生活的祈愿和对生活保障的期盼。财神象征着财富与繁荣，灶君则与家庭饮食息息相关，寄托了村民对家庭幸福、生活富足的向往。这些庙宇的选址多位于村口或村中心广场，地理位置优越，成为村民公共活动的重要场所。村口的庙宇往往承担着守护村落、祈求平安的使命，而位于村中心广场的庙宇则更便于村民参与传统仪式和公共集会。庙宇不仅是村民表达信仰的场所，更是村落文化活动的中心，各种节日庆典、传统仪式等都在此举行，增强了村民之间的凝聚力和归属感。

（三）集市：经济与文化的交汇

集市作为传统村落中集中的商业活动场所，在村落经济体系中占据重要地位。在农耕社会，尽管商品交易的发达程度相对有限，且受重农轻商思想的影响，部分村落对村内商业活动有所限制，但集市依然成为村民进行商品交换的主要平台。集市的存在，不仅满足了村民日常生活物资交换的需求，还促进村落间的经济交流与文化传播①。

在设有祠堂、庙宇的村落，人们常在其庭院或院前广场定期开展贸易活动，即"赶集"或"赶庙会"。这些集市通常在特定的日子举行，如农历的初一、十五，或是传统节日。集市上，村民们会带来自家生产的农产品、手工艺品等，与其他村民进行交换或出售。集市上不仅有商品交易，还有各种小吃摊、杂货摊，甚至还有艺人表演，如舞龙舞狮、戏曲表演等，增添了集市的热闹氛围。

在南方地区，集市被称为"墟"，赶集则称作"趁墟"。集市的存在，不仅促进商品的流通，还加强了村落之间的联系。不同村落的村民会聚集在一起，交流信息、分享经验，促进文化的传播与交流。集市上的商品交流也反映当地的农业生产和手工业发展水平，不同地区的集市上会呈现出不同的商品特色，体现地域文化的差异。

（四）牌坊：村落礼制的象征

牌坊，又名牌楼，是传统村落礼制建筑的有机组成部分。在传统社会，牌坊具有重要的社会意义和文化价值，它不仅是建筑艺术的体现，更是社会礼制和道德规范的象征。

民居牌坊多具有纪念意义，主要用于表彰本村的杰出人物。在一些文化底蕴深厚且经济实力雄厚的村落，常可见若干座石牌坊纵向排列于村口或祠堂广场前，形成层次丰富、韵律感强的景观。这些牌坊通常由当地的乡绅或家族出资建造，以表彰本村的功名仕宦、孝子贤孙等。牌坊的建造不仅是对个人成就的肯定，更是对整个村落荣誉的彰显，激励着村民努力向上，追求卓越。

---

① 陈宁静，樊雅江，石珂. 传统村落的保护及其利用体系研究 [M]. 哈尔滨：黑龙江科学技术出版社，2023：14.

民间牌坊多为三间四柱的石构形式，造型风格多样，有的气势恢宏，带有匾额、斗拱、屋顶及精美的石雕花饰，雕刻技艺精湛，体现工匠们的高超技艺和对美的追求；有的则较为简约，虽不起楼，但每座牌坊均会在匾额上明确记载立坊的人物与事由，成为村落历史的实物见证。牌坊上的文字和图案往往具有深刻的寓意，如"忠孝节义""诗书传家"等，反映当时社会的道德观念和价值取向。

（五）私塾：文化的传承与启蒙

私塾作为古代开展基础教育的场所，在村落教育体系中扮演着关键角色。私塾主要教授识字、计数等基础知识，同时也涉及经书诵读，为科举考试做初步准备。在传统社会，私塾是村民接受教育的主要途径，它不仅传授知识，更注重品德教育和文化传承。

村落中常建有文昌阁、文峰塔等建筑，以彰显对学习的重视。文昌阁供奉的是文昌帝君，被视为"文运之神"，象征着智慧与学业的繁荣。文峰塔则是一种象征性的建筑，寓意着文风昌盛、人才辈出。这些建筑的存在，营造了浓厚的学习氛围，激励着村民重视教育，培养后代。

部分私塾附设于祠堂内或紧邻祠堂，借助祠堂的空间与资源开展教学活动。祠堂作为家族的象征，其庄严肃穆的氛围有助于学生养成良好的学习习惯和品德修养。私塾的教师多为当地的儒生或退休官员，他们不仅传授知识，还以身作则，教导学生遵循儒家的道德规范和行为准则。

随着现代教育的普及，私塾这一传统教育形式逐渐退出历史舞台。然而，它在历史上为村落文化传承和人才培养所做出的贡献不可忽视。私塾培养了无数学子，为科举考试输送了人才，也为村落的文化传承和发展奠定了基础。它所倡导的尊师重教、勤奋学习的风气，依然在许多村落中延续，激励着新一代村民追求知识和文化。

二、传统村落中民居建筑的分类与布局

中国地域辽阔，历史悠久，自然环境与社会经济条件差异显著，在漫长的历史发展进程中，各地逐渐形成丰富多样的民居建筑形式。这些传统民居深深植根于当地的地理环境、文化传统和社会生活，生动地反映人与自然的和谐关系，展现出独特的地域文化特色。

（一）洞穴与窑洞

洞穴与窑洞是中国古老且原始的民居形式之一，尤其在北方地区较为常见。早期，受生产力水平的限制，人们对建筑材料和技术的掌握有限，故选择天然洞穴作为居住场所。随着人类对自然环境的适应和改造能力的提升，逐渐发展出人工开凿的窑洞。从天然洞穴到窑洞的演变，在汉字的发展中也有所体现，许多与居住相关的汉字，如"窑""家""牢"等，都蕴含着这一居住形式发展的线索。

黄河中上游地区是窑洞式住宅的集中分布区域，如陕西、甘肃、河南、山西等地。当地居民利用天然土壁开凿横洞，并常将多个洞穴相连，洞内加砌砖石以增强稳定性和居住舒适度。窑洞具有诸多优点，如防火、防噪声、冬暖夏凉，且占地面积少、节省建筑材料与人工成本，充分体现当地居民因地制宜、合理利用自然资源的智慧。典型的窑洞式民居多仿照四合院格局，设有堂屋、卧室、厨房、仓房等功能空间，形成相对独立的居住单元。

（二）蒙古包

蒙古包作为内蒙古地区极具代表性的帐幕式住宅，其中以毡包的形式最为常见。蒙古族牧民们长期以来过着游牧生活，他们随着水草的丰盛而选择居住地，每年都要进行多次大规模的迁徙活动，这种迁徙活动通常遵循着"春洼、夏岗、秋平、冬阳"的规律。为了适应这种不断迁徙的生活方式，蒙古族牧民们需要一种易于拆卸和迁徙的住所，而蒙古包正好满足了他们的这一需求。蒙古包的设计结构非常巧妙，它不仅便于搭建和拆卸运输，而且能够适应牧民在不同季节、不同牧场的居住需求。因此，蒙古包不仅是蒙古族牧民们的生活住所，更是草原游牧文化的重要物质载体，承载着丰富的文化意义和历史价值。

（三）山西与山东民居

山西太行山区与山东胶东丘陵一带的民居在形式上具有一定的相似性，多为单门独院，设有门楼，采用两面坡屋顶。由于山区石料资源丰富，两地民居遵循就地取材的传统建筑原则，砖石住宅较为普遍，且山西民居中多见精美的砖雕装饰，展现了当地高超的建筑技艺和独特的审美情趣。

受降水量差异的影响，两地民居在屋顶坡度的设计上有所不同。山西太行山区地势较高，东南面的太行山阻挡了海洋气流，降水相对较少（＜700毫米／年），屋顶坡度较缓；山东胶东丘陵地区地势较低，距海较近，降水较多（＞700毫米／年），为便于排水，屋顶坡度较陡。这种因自然条件差异而形成的建筑风格差异，体现传统民居对地域环境的适应性。

（四）江南水乡民居

江南水乡民居以苏州为典型代表，素有"东方威尼斯"的美誉。苏州地区水网密布、地势平坦，独特的自然环境造就了当地民居依水而建的布局特色。民居的大门、台阶、过道多设在水旁，与水、路、桥自然融合，形成独特的水乡景观。江南水乡民居多为楼房，采用砖瓦结构，营造出纤巧、细腻、温情的水乡文化氛围。

为适应湿热的气候条件，江南水乡民居在设计上注重通风、隔热和防雨。院落中常设有天井，既能增加室内采光通风，又可在雨天承接雨水，形成"四水归堂"的意境。墙壁和屋顶较薄，部分民居还设有较宽的门廊或宽敞的厅阁，以满足居民在炎热天气下的活动需求。

（五）鸟巢与干栏式建筑

鸟巢与干栏式建筑是中国南方丛林地区的原始民居形式，主要是为了抵御野兽侵袭和适应湿热气候。干栏式竹楼是滇南地区傣、佤、苗、景颇、哈尼、布朗等少数民族的主要住宅形式。滇南地区气候炎热、潮湿多雨，干栏式竹楼的下部架空，有利于通风隔潮，多用作碾米场、贮藏室及杂屋；上层前部设有宽廊和晒台，后部为厅堂和卧室；屋顶采用歇山式，坡度陡，出檐深远，能够有效遮阳挡雨。干栏式建筑充分利用当地丰富的竹木资源，体现少数民族居民适应自然环境的智慧和独特的建筑技艺。

（六）藏族民居

在西藏广阔的地域内，民居建筑形式多样，各具民族特点和地区色彩。牧区以帐篷为主，便于牧民在游牧过程中随时迁徙。拉萨、日喀则、昌都等城镇及其周围村庄的土、石、木结构民居，俗称"碉楼"。拉萨民居一般为内院回廊形式，多为二层或三层，院内设有水井，厕所位于院落一角。城镇周围多为手工业者、工匠、农民自建的独院平房住宅。

　　山南地区的农村民居常利用外廊设置敞开式的起居空间。这种设计充分考虑了当地居民喜爱户外活动的生活习惯。许多藏族民居在功能布局上十分合理，无论是居室、厨房、贮藏室、庭院，还是牛棚、猪圈、厕所的布置，都充分考虑了居民的生活需求和生产活动，体现人与自然和谐相处的理念以及独特的民族文化特色。

第二章　传统村落原生性景观保护与利用

传统村落原生性景观是中华文化的瑰宝，其形成既受自然环境条件的制约，又受人类各类活动的影响，是自然、文化、经济、社会、人口等诸因素在传统村落的综合表现[①]。

第一节　传统村落原生性景观的表现

一、传统村落原生性景观的理论依据

（一）传统村落原生性

传统村落作为人类社会发展进程中的重要历史遗产，其原生性是多种因素相互作用的独特结晶。在村落形成与发展历程中，自然环境、文化传统以及社会结构彼此交织，赋予村落别具一格的特质。这种原生性，既直观体现于村落的物质形态，如错落有致的建筑、蜿蜒曲折的街道、灵动的水系等，更蕴含在村落的文化内涵与社会关系深处。它是传统村落独特魅力的核心，也是其保护与发展的基石。

从地理学视角深入剖析，传统村落的原生性与自然环境紧密相连。村落选址往往倾向于自然环境优美、资源丰富之地，山区、丘陵、平原各有其独特的吸引力。自然环境不仅为村落发展提供基础条件，更塑造出各异的风貌。

---

① 刘澜，张军学，杜娟. 传统村落原生性景观保护与利用 [M]. 北京：中国建材工业出版社，2023：3.

以山区村落为例，多依山而建，错落于山坡或山谷之间，形成独特的山地景观，其建筑风格古朴，多采用当地自然材料，与周边山林相融，彰显出人与自然和谐共生的智慧。丘陵地区的村落，地形相对平缓，建筑布局多呈现规整的方形或圆形，田园风光浓郁。平原地区的村落则凭借平坦开阔的地形，构建出整齐的棋盘式布局，交通网络发达，展现出独特的规整之美。

从人类学角度来看，传统村落是村民文化传统与社会结构的生动写照。作为村民生活与社交的重要场所，长期的生活实践孕育出独特的文化传统与社会关系。这些元素不仅是村民的精神支柱，更是维系村落社会稳定与发展的关键。例如，部分传统村落留存着独特的传统信仰、民俗习惯以及家族制度，在村落发展进程中持续发挥着重要作用，深刻影响着村民的生活方式与价值观念。

站在历史学的高度，传统村落堪称历史文化传承的重要载体。村落历经岁月沉淀，保存并传承了大量历史文化遗产，这些遗产既是村民的宝贵财富，也是中华民族优秀传统文化的重要组成部分。诸多传统村落拥有悠久历史与丰富文化遗产，古建筑、古桥梁、古寺庙等，见证着村落的发展轨迹，为研究历史文化提供珍贵依据，成为连接过去与现在的重要纽带[①]。

（二）传统村落景观

传统村落景观是指传统村落在自然环境和人类活动的共同作用下所形成的景观形态，包括自然景观和人文景观两个方面。自然景观主要包括村落的地形地貌、山水格局、植被覆盖等，人文景观主要包括村落的建筑、街道、广场、公共设施等。

传统村落的自然景观是其景观体系的重要组成部分，它不仅为村落提供美丽的自然风光，还为村落的生态环境和文化内涵提供重要的支持。传统村落的自然景观通常具有独特的地域性和季节性特征，不同地区的传统村落有着不同的自然景观特色。例如，江南地区的传统村落以水乡风光为主，村落周围水系发达，河道纵横交错，形成独特的水乡景观；北方地区的传统村落以山地景观为主，村落周围山峦起伏，地形复杂，形成独特的山地景观。

---

① 刘澜，张军学，杜娟. 传统村落原生性景观保护与利用 [M]. 北京：中国建材工业出版社，2023：27.

传统村落的人文景观是其景观体系的核心部分，它不仅体现村落的文化内涵和社会特征，还反映村民的生活方式和审美情趣。传统村落的人文景观通常具有独特的历史性和文化性特征，不同历史时期和文化背景下的传统村落有着不同的人文景观特色。例如，一些传统村落有着悠久的历史和丰富的文化遗产，如古建筑、古桥梁、古寺庙等，这些人文景观是村落历史文化的重要载体；一些传统村落则有着独特的民俗文化和民间艺术，如传统节日、民间手工艺、民间音乐等，这些人文景观是村落文化内涵的重要体现。

（三）传统村落原生性景观

传统村落原生性景观是指传统村落在自然环境和人类活动的共同作用下所形成的具有原生性特征的景观形态，它是传统村落原生性的重要体现。传统村落原生性景观具有以下几个特点：

自然性：传统村落原生性景观是自然环境和人类活动相互作用的结果，它充分体现自然环境的特征和规律。传统村落的建筑、街道、广场等景观元素通常采用当地的自然材料和建筑技术，与自然环境融为一体，形成独特的自然景观特色。

文化性：传统村落原生性景观是村落文化传统和社会结构的重要体现，它蕴含着丰富的文化内涵和历史信息。传统村落的建筑、街道、广场等景观元素通常反映村落的传统信仰、民俗习惯、家族制度等文化传统，是村落文化的重要载体。

独特性：传统村落原生性景观是在特定的自然环境和文化背景下形成的，它具有独特的景观特征和风格。不同地区和不同历史时期的传统村落原生性景观有着不同的特点，它们是中华民族优秀传统文化的重要组成部分。

二、传统村落原生性景观表现的形态构成要素

（一）地形地貌

地形地貌直接影响着村落的布局、形态和发展。传统村落通常选址于地形地貌较为复杂的地区，如山区、丘陵、平原等地。不同地区的传统村落有着不同的地形地貌特征，它们形成独特的景观特色。

山区村落：山区村落通常建在山坡或山谷之中，地形起伏较大。村落的

建筑布局往往顺应地形，依山而建，形成独特的山地景观。山区村落的建筑风格通常较为古朴，多采用石头、木材等自然材料建造，与周围的自然环境融为一体。

丘陵村落：丘陵村落通常建在丘陵地带，地形相对较为平缓。村落的建筑布局往往较为规整，多采用方形或圆形的布局方式，形成独特的田园风光。丘陵村落的建筑风格通常较为简洁，多采用红砖、白墙等建筑材料建造，体现当地的建筑特色。

平原村落：平原村落通常建在平原地区，地形平坦开阔。村落的建筑布局往往较为整齐，多采用棋盘式的布局方式，形成独特的城市景观。平原村落的建筑风格通常较为现代化，多采用钢筋、混凝土等建筑材料建造，体现现代建筑的特色。

（二）水系

水系是传统村落原生性景观的重要组成部分，它不仅为村落提供生活用水和灌溉用水，还为村落的生态环境和景观特色提供重要的支撑。传统村落的水系通常包括河流、溪流、池塘等，它们形成独特的水景观。

河流：河流是传统村落水系的重要组成部分，它通常是村落的主要水源地。河流的存在不仅为村落提供生活用水和灌溉用水，还为村落的生态环境和景观特色提供重要的支撑。河流的两岸通常会形成独特的河岸景观，如河边的柳树、桃树等植物景观，以及河边的洗衣、钓鱼等生活景观。

溪流：溪流是传统村落水系的重要组成部分，它通常是村落的次要水源地。溪流的存在不仅为村落提供生活用水和灌溉用水，还为村落的生态环境和景观特色提供重要的支撑。溪流的两岸通常会形成独特的溪岸景观，如溪边的石头、水草等植物景观，以及溪边的嬉戏、玩耍等生活景观。

池塘：池塘是传统村落水系的关键组成部分，通常扮演着村落重要蓄水设施的角色。其存在不仅为村落居民提供生活及灌溉所需之水，还对村落的生态环境和景观特色发挥着至关重要的作用。围绕池塘，往往形成具有独特魅力的景观，包括池塘中荷花的绽放、鲤鱼的游弋等植物与动物景观，以及人们在池塘进行划船、钓鱼等活动所构成的生活画面。

（三）植被

植被是传统村落原生性景观的重要构成要素之一，它不仅为村落提供美丽的自然风光，还为村落的生态环境和文化内涵提供重要的支撑。传统村落的植被通常包括树木、灌木、草本植物等，它们形成独特的植物景观。

树木：树木是传统村落植被的重要组成部分，它通常是村落的主要景观元素之一。树木的存在不仅为村落提供美丽的自然风光，还为村落的生态环境和文化内涵提供重要的支撑。树木的种类繁多，不同地区的传统村落有着不同的树木种类。例如，江南地区的传统村落常见的树木有柳树、杨树、樟树等，这些树木不仅具有观赏价值，还具有实用价值；北方地区的传统村落常见的树木有杨树、槐树、榆树等，这些树木不仅具有观赏价值，还具有防风固沙的作用。

灌木：灌木是传统村落植被的重要组成部分，它通常是村落的次要景观元素之一。灌木的存在不仅为村落提供美丽的自然风光，还为村落的生态环境和文化内涵提供重要的支撑。灌木的种类繁多，不同地区的传统村落有着不同的灌木种类。例如，江南地区的传统村落常见的灌木有杜鹃花、紫薇花、金银花等，这些灌木不仅具有观赏价值，还具有药用价值；北方地区的传统村落常见的灌木有荆棘、酸枣、枸杞等，这些灌木不仅具有观赏价值，还具有防风固沙的作用。

草本植物：草本植物是传统村落植被的重要组成部分，它通常是村落的次要景观元素之一。草本植物的存在不仅为村落提供美丽的自然风光，还为村落的生态环境和文化内涵提供重要的支撑。草本植物的种类繁多，不同地区的传统村落有着不同的草本植物种类。例如，江南地区的传统村落常见的草本植物有菖蒲、芦苇、荷花等，这些草本植物不仅具有观赏价值，还具有净化水质的作用；北方地区的传统村落常见的草本植物有狗尾草、蒲公英、车前草等，这些草本植物不仅具有观赏价值，还具有药用价值。

（四）建筑

建筑是传统村落原生性景观的核心构成要素，它不仅是村民生活和居住的场所，还体现村落的文化内涵和社会特征。传统村落的建筑通常具有以下特点：

1. 建筑风格

传统村落的建筑风格，往往展现出浓郁的地方特色和民族风格。它们不仅仅是居住的场所，更是历史和文化的载体。不同地区的传统村落，由于地理环境、气候条件、历史背景以及当地居民的生活习惯和审美观念的差异，孕育出了各具特色的建筑风格。例如，江南水乡的村落多采用白墙黑瓦，布局讲究与水系的和谐共存；西南地区的传统村落中常见吊脚楼，以适应多山的地形。这些传统村落的建筑不仅反映人与自然和谐共生，也体现不同民族文化的独特魅力。

2. 建筑材料

传统村落的建筑特色就是就地取材，充分利用周边环境所提供的自然资源。例如，石头、木材、泥土等自然材料被广泛应用于房屋的建造过程中。这些材料不仅取之不尽，用之不竭，而且它们还具备诸多优异的物理特性。例如，它们能够有效地保持室内温度的稳定，起到良好的保温和隔热作用，这对于应对极端的气候条件至关重要。这些自然材料还具有一定的防潮功能，能够保护建筑结构不受潮湿环境的侵蚀，从而延长了建筑物的使用寿命。正是由于这些材料的特性，使得传统村落的建筑能够很好地适应当地的气候条件，体现古人对自然环境的深刻理解和智慧。例如，山区的传统村落建筑多采用石头建造，石头具有良好的保温、隔热性能，适应了山区寒冷的气候条件；南方地区的传统村落建筑多采用木材建造，木材具有良好的防潮性能，适应了南方炎热潮湿的气候条件。

3. 建筑布局

传统村落在建筑布局时，往往遵循一些经典的布局模式，例如四合院、三合院以及一字型排列等。这些布局不仅展现了中国悠久的历史文化，而且反映了古代人民对于居住环境的深刻理解和审美追求。四合院以其封闭而内向的空间结构，体现了家庭和睦、团结一致的传统美德；三合院以其开放而灵活的布局，展现了人与自然和谐共处的哲学思想；一字型排列的建筑布局，则以其简洁明快的线条，彰显了实用主义和效率至上的生活态度。这些传统的布局方式，不仅在视觉上给人以美的享受，更在精神层面上传递了中国传统文化的深厚内涵。

三、传统村落原生性景观表现的形态模式

传统村落原生性景观表现的形态模式体现在以下四个方面，如图 2-1 所示。

```
                                    ┌─────────────┐
                                    │  山水相依模式  │
                                    └─────────────┘

                                    ┌─────────────┐
                                    │  田园风光模式  │
   ┌────────────────┐               └─────────────┘
   │ 传统村落原生性景观表现 │
   │   的形态模式      │
   └────────────────┘               ┌─────────────┐
                                    │  古镇风情模式  │
                                    └─────────────┘

                                    ┌─────────────┐
                                    │  民俗文化模式  │
                                    └─────────────┘
```

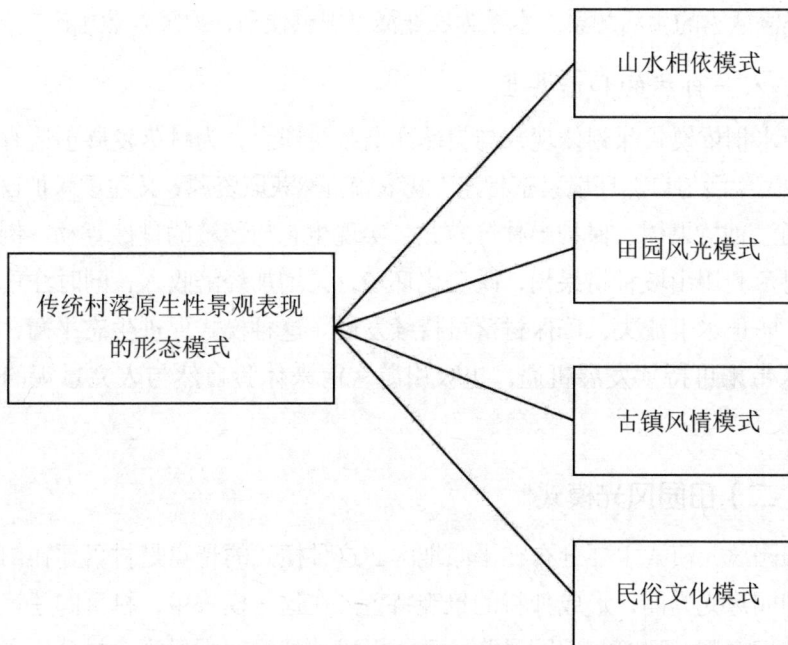

图 2-1　传统村落原生性景观表现的形态模式

（一）山水相依模式

山水相依模式主要分布于山区和丘陵地区，村落建于山水之间，山水相互映衬，形成独特的景观。村落建筑依山而建或坐落于山谷，与山水融为一体，充分利用地形地貌，体现对自然环境的尊重与顺应。

1. 建筑与山水的融合

在山水相依模式的村落中，建筑与山水的融合是核心特征。建筑依山势错落分布，或沿山谷走势排列，与自然环境相得益彰。例如，福建土楼多建于山区，以其独特的圆形或方形建筑与周边山水景观相互辉映，形成独特的视觉效果。建筑屋顶常采用斜坡式设计，既利于排水，又与山势呼应，展现出自然美感。

2. 水系的利用与景观营造

水系在山水相依模式中至关重要，与周边山水共同构成独特的水文景观。自然水体如溪流、瀑布、湖泊等，不仅为村民提供生活用水，更赋予村落生动美感。在一些村落中，溪流贯穿村庄，村民在溪边生活、劳作，孩童嬉戏，形成充满活力的生活图景。水系为农业灌溉提供便利，保障农业生产。

3. 人与自然的和谐共生

山水相依模式深刻体现人与自然和谐共生理念，为村落发展创造有利条件。村民生活与自然环境紧密相连，既依赖自然获取资源，又注重保护自然。村民通过种植果树、保护山林等方式，实现生态与经济的良性互动。例如，一些村落利用山坡种植果树，既美化环境，又增加经济收入，同时注重山林保护，防止水土流失，确保村落可持续发展。这种模式促进生态平衡，为当地社区带来可持续发展机遇，也吸引游客前来体验自然与人文景观的完美融合。

（二）田园风光模式

田园风光模式主要分布在平原地区。这种模式的特点是村落建在田园之中，田园风光秀丽，形成独特的景观特色。在这一模式中，村落的建筑通常建在农田之间，建筑与田园融为一体，形成独特的田园景观。村落的水系也通常与田园相连，水系在田园中形成独特的水景观。这种模式不仅体现人与自然的和谐相处理念，还为村落的发展提供良好的条件。

1. 建筑与田园的融合

在田园风光模式的村落中，建筑与田园的融合是其显著特点。建筑多采用传统的砖木结构，外观简洁而质朴，与周围的田园风光相得益彰。房屋通常采用对称布局，屋顶覆盖着青瓦，屋檐微微翘起，展现出一种古朴典雅的美感。建筑的周围通常环绕着农田，村民在田间劳作，房屋与田园相互映衬，构成了一幅宁静而美好的田园画卷。例如，在一些江南水乡的村落，白墙黑瓦的房屋错落有致地分布在水田之间，小桥流水，绿树成荫，营造出一种诗意般的田园风光。

2. 水系的利用与景观营造

在村落周边，河流和池塘等水体的存在，为田园景观注入生动的美感。这些水系不仅为农田提供灌溉所需的水源，确保农作物的生长，同时也为村落的生态环境提供重要的支持和保障。在一些具有特色的村落中，池塘里种植着美丽的荷花，每到夏季，荷花竞相绽放，它们的花朵在阳光下争奇斗艳，与周围的绿色农田和远处的山峦形成一幅和谐而美丽的画面。

除了对农业和生态的贡献，水系还为村民们的日常生活带来诸多乐趣。在河畔，村民们可以享受垂钓的乐趣，或是在树荫下乘凉，与家人朋友闲聊，共同享受田园生活的宁静与舒适。这些河流和池塘成为村民休闲娱乐的宝贵场所，让他们的生活更加丰富多彩。

3. 人与自然和谐共生

在田园风光模式下，村落的居民生活与自然环境紧密相连。他们依靠自然环境获取资源，并致力于保护和维护这一环境。村民在农田中种植水稻、蔬菜等农作物，不仅满足了自身的生活需求，也为村落带来经济收益。他们重视保护农田的生态环境，防止水土流失和污染，确保农田的可持续利用。这种人与自然和谐共生的关系，使得村落能够在田园环境中长期稳定地发展，成为人们向往的诗意栖居之所。

居民们还通过种植各种花卉和树木，美化村落的自然景观，进一步增强了与自然的和谐共处。他们还利用自然水源，如小溪和河流，进行灌溉和生活用水，体现对自然资源的合理利用和尊重。在这样的模式下，村落不仅保留了传统的农耕文化，还促进生态旅游的发展，让更多人有机会体验这种与自然和谐相处的生活方式。

（三）古镇风情模式

古镇风情模式主要分布在历史文化悠久的地区，这种模式的特点是村落具有悠久的历史和丰富的文化遗产，建筑风格独特，街道布局规整，形成独特的古镇风情。在这一模式中，村落的建筑通常是明清时期的古建筑，建筑风格古朴典雅，街道布局规整，形成独特的古镇景观。村落的文化遗产也非常丰富，如古建筑、古桥梁、古寺庙等，这些文化遗产是村落历史文化的重要载体。古镇风情模式不仅体现人与自然的和谐相处理念，还为村落的发展提供良好的条件。

1. 古建筑与文化传承

古镇风情模式的村落，其建筑多为明清时期的古建筑，建筑风格古朴典雅，具有极高的历史价值和艺术价值。建筑的外观通常采用传统的砖木结构，雕梁画栋，飞檐翘角，展现出一种古典的美感。这些建筑不仅为村民提供居住空间，更是村落历史文化的重要载体。例如，在一些古镇中，古老的四合院保存完好，院落布局严谨，雕花门窗精美绝伦，每一处细节都蕴含着丰富的文化内涵。这些建筑见证了村落的历史变迁，承载着村民的记忆与情感。

2. 街道布局与商业活动

古镇风情模式的村落，街道布局规整，通常呈棋盘式或放射状。街道两旁店铺林立，商业活动十分活跃。这些建筑多为木质结构，外观古朴，招牌上书写着传统的店铺名称，如"老茶馆""古玩店"等。街道上人来人往，商贩叫卖声此起彼伏，营造出一种热闹而繁华的氛围。古镇的商业活动不仅促进了当地经济的发展，还吸引了大量的游客前来观光旅游，为村落带来新的发展机遇。

3. 文化遗产与旅游发展

古镇风情模式的村落，文化遗产丰富多样，如古建筑、古桥梁、古寺庙等。这些建筑不仅是村落的历史见证者，更是吸引游客的重要旅游资源。例如，在一些古镇中，古老的石桥横跨河流，桥身雕刻精美，历经风雨却依然坚固；古寺庙中香火旺盛，信徒们虔诚地祈求平安。这些建筑和文化遗产为村落的旅游发展提供坚实的基础。近年来，随着乡村旅游的兴起，许多古镇风情模式的村落纷纷开发旅游项目，举办各种文化节庆活动，如古镇庙会、民俗表演等，吸引了大量游客前来观赏和体验，为村落的经济发展注入新的活力。

（四）民俗文化模式

民俗文化模式主要分布在民俗文化丰富的地区。这种模式的特点是村落具有独特的民俗文化，如传统节日、民间手工艺、民间音乐等，这些民俗文化是村落文化内涵的重要体现。在民俗文化模式中，村落的建筑和街道通常与民俗文化相结合，形成独特的民俗文化景观。例如，一些村落会在春节期间举办传统的庙会，庙会期间会有各种民间手工艺表演和传统节日活动，这些活动吸引了大量的游客前来观赏和参与，为村落的发展带来良好的机遇。民俗文化模式不仅体现人与自然的和谐相处理念，还为村落的发展提供独特的文化支撑。

1. 独特的民俗文化活动

民俗文化模式的村落，其民俗文化活动丰富多彩，如传统节日、民间手工艺、民间音乐等。这些活动不仅展现了村落的文化内涵，还增强了村民之间的凝聚力和归属感。例如，在春节期间，许多村落会举办庙会，庙会上有舞龙舞狮、戏曲表演、民间手工艺展示等丰富多彩的活动。村民们身着节日盛装，载歌载舞，共同庆祝新年的到来。一些村落还有独特的民间音乐表演，如江南地区的评弹、北方地区的鼓书等，这些音乐表演不仅传承了古老的民间艺术，还吸引了大量游客前来观赏。

2. 建筑与民俗文化的融合

在民俗文化模式的村落中，建筑和街道通常与民俗文化相结合，形成独特的民俗文化景观。建筑的外观和装饰往往融入民俗文化的元素，如门窗上的剪纸、墙壁上的壁画等。街道上也会设置各种民俗文化展示区，主要展示当地的民间手工艺品、传统美食等。例如，在一些民俗文化村落中，街道两旁的店铺会出售传统的手工艺品，如刺绣、陶瓷、木雕等，这些手工艺品不仅具有实用价值，还蕴含着丰富的文化内涵。游客可以在这些店铺中购买具有当地特色的纪念品，同时也能感受到村落中浓厚的民俗文化氛围。

3. 民俗文化与经济发展

民俗文化模式的村落，其民俗文化活动不仅丰富村民的精神生活，还为村落的经济发展带来新的机遇。近年来，随着文化旅游的兴起，越来越多的游客开始关注民俗文化村落。这些村落通过举办各种民俗文化活动，吸引了大量游客前来观赏和体验，从而带动当地旅游业的发展。例如，一些民俗文化村落通过举办民俗文化节庆活动，吸引了大量游客前来观赏民间手工艺表演、品尝传统美食等。这不仅为村民带来经济收入，还促进当地文化产业的发展。同时，民俗文化节庆活动的举办也提升村落的知名度和美誉度，为村落的可持续发展奠定坚实的基础。

第二节　传统村落原生性景观特质的保护

一、传统村落保护的重要性

传统村落承载着先辈们对自然环境的深刻认知与巧妙利用，其选址与布局依据山水地形、气候条件等自然因素，形成与自然和谐共生的空间格局。依山而建的村落，巧妙利用山体地势高差，营造出错落有致的建筑群落，如重庆的洪崖洞，依崖而建，展现出独特的山地建筑风貌。傍水而居的村落，借助河流发展灌溉与交通，孕育出独特的水乡文化，如周庄古镇，依水成街，因水成镇，水滋润着古镇的每一寸土地。这种与自然的紧密联系，不仅是古人智慧的结晶，更为现代社会提供可持续发展的空间模式借鉴。

传统村落中保存了大量风貌完整的传统建筑，这是地域文化与历史变迁的物质见证。从建筑风格来看，不同地区各具特色，徽派建筑以白墙黑瓦、马头墙展现古朴典雅气质，其独特的建筑风格源于徽州地区的历史文化与自然环境，反映出徽商的繁荣与对建筑美学的追求。福建土楼的圆形或方形建筑，体现家族聚居的文化传统与防御功能，是当地独特的地理环境与社会结构的产物。从建筑工艺上看，传统建筑采用的榫卯结构、木雕、砖雕、石雕等精湛技艺，反映了当时的建筑水平和艺术审美。这些建筑不仅具有实用价值，更是珍贵的文化遗产，对于研究历史、建筑、艺术等具有不可替代的价值。

传统村落是区域文化的重要载体，蕴含着鲜明的区域文化类型和活态传承的非物质文化遗产。民间表演艺术，如戏曲、舞蹈、音乐等，通过口传心授的方式在村落中代代相传，反映当地人民的精神世界和生活情感；手工技艺，如刺绣、编织、陶艺等，体现村民的创造力和对生活的热爱；节令习俗，如春节、中秋等传统节日的庆祝活动，以及独特的婚丧嫁娶习俗，维系着村落的社会秩序和家族纽带。这些非物质文化遗产是传统文化的瑰宝，需要在传统村落的环境中得以传承和发展。

在现代化、城镇化的快速推进过程中，传统村落面临着严峻的生存危机。随着城市化进程的加速，大量乡村人口向城镇转移，导致村落空心化现象严重。人口的流失，尤其是青壮年劳动力的出走，使乡村社会的人力资源逐渐枯竭，许多传统技艺因缺乏传承者而面临失传的危险。由于缺乏经济支撑，村落中的基础设施建设滞后，公共服务设施匮乏，进一步加剧了村落的衰败。

随着乡村人口的减少，传统村落的经济发展陷入困境。一方面，传统的农业生产方式难以适应现代市场的需求，农产品附加值低，农民收入增长缓慢；另一方面，由于缺乏产业支撑，村落难以吸引外部投资，新兴产业难以发展壮大。这种经济困境不仅限制了村落的自身发展，也使得村民对村落的未来失去信心，进一步加速了人口的外流。

在现代化的冲击下，传统村落的文化传承面临巨大挑战。年轻一代对传统文化的认同感逐渐降低，传统的生活方式和价值观念受到现代文化的冲击。一些传统习俗和手工技艺因缺乏传承和创新，逐渐失去了生存的土壤。外来文化的入侵也使得传统村落的文化特色逐渐淡化，村落的文化多样性受到威胁。

二、传统村落原生性景观特质保护的特征

（一）传统村落原生性景观的地域性

传统村落原生性景观的地域性鲜明，源于特定地理环境下自然条件与人类活动的相互作用。因地理环境、气候及资源禀赋的差异，各地传统村落呈现出独特的景观形态与文化特征。

在村落布局上，依山傍水的村落，山脉为天然屏障，河流提供水源，如江南水乡依水而建，白墙黑瓦与水系、田园相映成趣，独特的水景观成为文化重要部分；北方村落多采用四合院形式，注重防风保暖，布局规整，体现了人们对空间的利用和家族文化的重视。在建筑风格方面，黄土高原的窑洞利用黄土直立性，既节省了建筑材料，又冬暖夏凉；草原地区的蒙古包圆形结构便于拆卸搬运，适应游牧生活，这些都反映地域文化差异与村民对自然的理解和利用。

（二）传统村落原生性景观的历史性

传统村落原生性景观承载着丰富历史信息，是人类与自然长期互动的成果。古建筑、古民居、古桥等见证村落发展变迁，反映不同时期社会风貌与文化特征。例如明清徽派建筑，精美的砖雕、木雕、石雕，马头墙与雕花门窗彰显徽州文化，体现当时徽商繁荣与建筑美学追求。古桥不仅是交通枢纽，更是村民情感寄托，其坚固耐用展现古人建筑智慧与村落和自然的和谐共生。街巷布局也蕴含历史，以宗族聚居为主的村落，常以祠堂为中心呈放射状或棋盘式布局，反映宗族制度与家族观念。

（三）传统村落原生性景观的整体性

原生性景观是由多个景观要素单元构成的整体，各要素相互作用形成独

特景观形态。传统村落的地形地貌、水系、植被、建筑、街巷、广场等景观要素共同构成核心空间，相互依存影响。村落广场作为公共活动场所，与周边建筑、水系呼应，营造独特空间氛围，其周边建筑布局风格反映社会结构与文化特征，水系增添灵动之美与休闲功能。街巷作为日常生活通道，与建筑、植被融合，形成完整空间体系，其宽度、走向与布局反映交通需求和社会结构，如商业村落街巷宽敞，农业村落街巷相对狭窄且注重与农田连接。

（四）传统村落原生性景观的多样性

传统村落景观呈现出多样的形态，源于不同类型景观要素单元的组合。在地形地貌、水系模式、植被覆盖等方面均具多样性，丰富了村落空间层次，提供多样生产生活条件。线状水系沿山谷或河流分布，与山区梯田结合形成独特田园景观，满足农业需求又增添美感。江南水乡村落街巷旁种植柳树、桃树等，形成绿地街巷模式，提供休闲场所，营造宁静惬意氛围。建筑风格同样多样，南方木质结构注重通风散热，适应炎热潮湿气候；北方砖石结构注重防风保暖，适应寒冷干燥气候，体现地域文化差异与村民对自然的适应。

（五）传统村落原生性景观的生态性

传统村落原生性景观强调人与自然和谐共生，彰显生态保护理念。村民在村落发展中，通过多种方式保护利用自然资源。水土保持与植树造林是常见的生态实践，修建梯田防止水土流失、利用土地资源，植树造林改善生态环境、调节气候、美化环境，体现古人对自然的珍视。水系管理也具有生态性，修建水坝、水渠合理利用水资源，定期清理水系、维护水坝保持生态平衡，为村落提供资源与便利。

（六）传统村落原生性景观的文化性

传统村落原生性景观蕴含丰富的非物质文化内容，民俗信仰、传统习俗、民间艺术等与景观相互交融，构成独特的文化魅力。建筑和街巷布局常反映民俗信仰，以祠堂或庙宇为中心的布局体现对祖先或神灵的敬仰及村落社会结构与文化特征。民俗信仰活动如春节舞龙舞狮、端午节包粽子和赛龙舟等，丰富村民精神生活，增强凝聚力。民间艺术如剪纸、刺绣、木雕等具有极高艺术价值，反映当地文化传统与社会风貌，春节剪纸传承民间艺术、美化环境。以家族聚居为主的村落，街巷以祠堂为中心的布局反映宗族制度与家族观念，传统习俗活动如婚礼、葬礼传承文化传统。

三、传统村落原生性景观特质保护面临的问题

目前，传统村落原生性景观特质的保护工作取得了一定的成绩，但也存在一些问题，主要表现在以下几个方面。

法律法规不完善：我国目前还没有专门针对传统村落原生性景观特质保护的法律法规，已有的相关的法律法规主要是针对文物保护和风景名胜区保护等方面制定的，这些法律法规在一定程度上不能满足传统村落原生性景观特质保护的需要。法律法规执行不力，即使有一些相关的法律法规，在实际执行过程中也存在一些问题，如执法不严、监管不到位等，导致一些破坏传统村落原生性景观特质的行为得不到及时、有效制止和处罚。

保护意识淡薄：传统村落的村民是原生性景观特质的直接守护者，但由于村民文化素质较低、保护意识淡薄等原因，导致一些村民对原生性景观特质的保护不够重视，甚至存在破坏行为。政府和社会各界对传统村落原生性景观特质的保护意识也不够强，缺乏对传统村落保护的重视和支持，导致一些保护工作难以开展。

开发利用过度：随着旅游业的发展，一些传统村落被过度开发，旅游设施建设过多，破坏了传统村落的原真性和完整性。一些旅游开发项目缺乏科学规划和合理设计，导致旅游资源浪费和环境破坏。一些传统村落的农业开发也存在过度现象，如大规模的农业种植、养殖等，破坏了传统村落的生态环境和景观风貌。

保护措施不力：传统村落原生性景观特质的保护需要大量的资金投入，但由于资金投入不足，导致一些保护工作无法开展。传统村落原生性景观特质的保护需要先进的保护技术和方法，但目前我国的保护技术和方法还比较落后，不能满足实际需要。传统村落原生性景观特质的保护需要专业的人才支持，但目前我国缺乏专业的保护人才，导致一些保护工作无法有效开展。

四、传统村落原生性景观特质的保护策略

（一）完善法律法规

国家应尽快制定专门针对传统村落原生性景观特质保护的法律法规。在

这部法规中，要明确规定传统村落的定义，清晰界定传统村落的范围，包括其地理边界、建筑群落范围以及与之相关的自然景观范围等；制定详细的保护标准，涵盖建筑保护标准、生态环境维护标准、文化传承标准等各个方面；明确破坏行为的法律责任，使执法部门在面对破坏行为时有法可依。

例如，可以参考国外一些成功经验，如日本制定了《传统的建造物群保存地区制度》，详细规定了传统村落保护名录的制定标准和程序。我国也应制定详细的传统村落保护名录，对列入名录的村落从规划、建设、修缮等各个环节进行严格规范。在规划环节，要求制定科学合理的村落发展规划，充分考虑原生性景观特质的保护需求；在建设环节，严格限制新建建筑的风格、高度、材质等，确保与村落整体风貌相协调；在修缮环节，规范修缮工艺和材料的使用，以保证古建筑的原有结构和风貌得到妥善保护。

加强法律法规的执行力度，建立专门的执法监督队伍。这支队伍应具备专业的知识和技能，定期对传统村落进行巡查。在巡查过程中，及时发现和制止破坏行为。对于违反保护法规的单位和个人，依法予以严厉处罚，提高违法成本。例如，对未经许可擅自拆除传统建筑的行为，除责令恢复原状外，还应处以高额罚款。通过严格的执法和严厉的处罚，形成强大的法律威慑力，确保传统村落得到有效保护。

（二）提高保护意识

政府和社会各界应通过多种渠道加强宣传教育。利用电视媒体，制作高质量的关于传统村落保护的专题节目，邀请专家学者进行深入解读，展示传统村落的独特魅力和价值。在网络平台上，发布丰富多样的图文、视频等内容，以生动形象的方式向公众普及传统村落原生性景观的价值和意义。借助新媒体平台，如微博、微信公众号等，开展互动活动，吸引公众参与讨论，提高公众对传统村落保护的关注度。

在学校教育中，将传统村落保护知识纳入乡土教材。根据不同年龄段学生的认知水平，编写相应的教材内容。例如，对于小学生，可以通过故事、图片等形式，介绍本地传统村落的有趣历史和特色景观；对于中学生，可以深入讲解传统村落的文化内涵、保护意义以及面临的挑战等。通过这种方式，培养青少年的保护意识。例如，某地区组织"传统村落文化进校园"活动，邀请专家学者为学生讲解本地传统村落的历史文化，组织学生参观古村落。

在参观过程中，学生们可以亲身感受古村落的独特魅力，对村落的历史、建筑、民俗等有了更直观的认识，从而激发学生对传统村落的热爱和保护意识。

同时，加强对传统村落保护专业人才的培养。高校应加大对相关专业的投入，开设传统建筑保护、古村落规划等专业课程。在课程设置上，注重理论与实践相结合，安排学生参与实际的传统村落保护项目；通过举办培训班、研讨会等形式，提高现有从业人员的专业素质。例如，定期举办传统建筑修缮技术培训班，邀请业内专家为从事传统村落保护工作的人员进行培训，传授最新的修缮技术和理念，提升他们的专业技能水平。

（三）合理开发利用

在开发利用传统村落原生性景观特质时，要坚持科学规划。以浙江乌镇为例，在旅游开发过程中，充分尊重原有的水乡风貌和历史文化。聘请专业的规划团队，对乌镇的历史文化、自然景观、社会经济等方面进行深入调研和分析。在此基础上，制定详细的旅游开发规划。在保留传统建筑和街巷格局的基础上，合理布局旅游设施。开发出具有特色的水乡民宿，这些民宿在外观上保持传统建筑风格，内部则进行现代化改造，为游客提供舒适的住宿体验。开设传统手工艺体验店，让游客亲身参与传统手工艺制作过程，感受传统文化的魅力。通过这种科学规划的开发方式，既保护了古镇的原真性，又促进当地经济的发展，实现了保护与开发的良性互动。

注重文化传承，将传统村落的文化元素融入旅游开发中。例如，云南丽江古城在旅游开发中，高度重视保留和传承纳西族的东巴文化。通过举办东巴文化节，展示东巴象形文字、东巴舞蹈、东巴音乐等特色文化内容，吸引游客深入了解当地文化。在古城内，设置东巴文化展示馆，展示东巴文化的历史渊源、发展脉络和具体表现形式。鼓励当地居民传承和展示传统的东巴手工艺，如东巴造纸、东巴木雕等。通过这些方式，提升旅游产品的文化内涵，使游客在旅游过程中不仅能够欣赏到美丽的景观，还能深入体验到当地独特的文化魅力。

（四）加强保护措施

政府应加大资金投入，设立传统村落保护专项资金。每年从财政预算中划拨一定比例的资金用于传统村落的保护，确保资金的稳定来源。鼓励社会资本参与，通过 PPP 模式 ①，吸引企业参与传统村落保护项目。例如，某企业与当地政府合作，投资修缮某传统村落中的古建筑，并将其改造为文化创意产业园区。在这个过程中，企业利用自身的资金和运营优势，对古建筑进行精心修缮和合理开发，将其打造成集文化展示、创意办公、旅游体验等功能于一身的产业园区。这样既保护了古建筑，又实现了文化与产业的融合发展，为传统村落的保护和发展探索出一条新路径。此外，还可以通过设立保护基金等方式，广泛吸纳社会各界的资金支持。

引进先进的保护技术，如数字化保护技术。利用三维建模技术，对传统村落的建筑、文化遗产等进行精确的三维建模，实现永久保存。即使传统村落遭受自然灾害或人为破坏，也可以通过数字化模型进行修复和重建。加强对传统建筑材料和工艺的研究与传承。设立专门的研究机构，对传统建筑材料的性能、制作工艺等进行深入研究，寻找合适的现代替代材料和工艺，以更好地保护传统建筑。培养传统工匠，通过师徒传承、职业培训等方式，培养一批掌握传统建筑工艺的专业人才，提高保护工作的技术水平。

建立健全保护机制，明确各部门职责。在传统村落保护工作中，涉及文化、建设、环保、旅游等多个部门，要明确各部门在传统村落保护中的职责和权限，避免出现职责不清、推诿扯皮的现象。加强对传统村落的日常管理和监督，建立定期巡查制度和评估机制。制定严格的保护考核标准，对保护工作成效显著的地区和个人进行奖励，如颁发荣誉证书、给予资金奖励等；对工作不力的地区和个人进行问责，通过这种方式，提高各方面参与传统村落保护工作的积极性和主动性。

---

①PPP 模式，即政府和社会资本合作（Public-Private Partnership）模式，是指政府与私人组织之间，为了合作建设城市基础设施项目，或是为了提供某种公共物品和服务，以特许权协议为基础，彼此之间形成一种伙伴式的合作关系，并通过签署合同来明确双方的权利和义务，以确保合作的顺利完成，最终使合作各方达到比预期单独行动更为有利的结果。

第三节　传统村落原生性景观特质的利用

一、确定传统村落原生性景观发展主题

通过景观特质分析，能够得出传统村落原生性景观最典型或最主要的特质。这些特质是村落景观的特色所在，也是吸引游客和居民的重要因素。

（一）发展主题特点

1. 多元化发展

具体到某一村落，其发展主题不是只能单一化，更不是排他的，可以以一型为主、兼顾其他，也可以多型发展。这是因为传统村落具有丰富的资源和独特的文化内涵，不同的发展主题可以相互融合、相互促进，实现村落的多元化发展。例如，一些村落可以将生态养生、农林经济、旅游观光等发展主题相结合，打造出融生态旅游、农业体验、民俗文化等为一体的综合性旅游目的地。这样不仅能够满足不同游客的需求，还能充分发挥村落的资源优势，提高村落的经济社会效益。

2. 因地制宜

在确定发展主题时，应结合村落的实际情况，充分考虑村落的自然环境、文化传统、经济基础等因素，因地制宜地选择适合村落发展的主题。只有这样，才能确保村落的发展具有可持续性，才能更好地保护和传承村落的文化特色。例如，一些生态环境优美但经济基础薄弱的村落，可以选择生态养生型发展主题，充分发挥其生态优势，发展康养产业；一些农业资源丰富、交通便利的村落，则可以选择农林经济型发展主题，发展特色农业产业，提高村民的收入。因地制宜地选择发展主题，是传统村落实现可持续发展的关键。

（二）发展主题分类

传统村落原生性景观，按照发展主题分类可以分为以下四类，如图 2-2 所示。

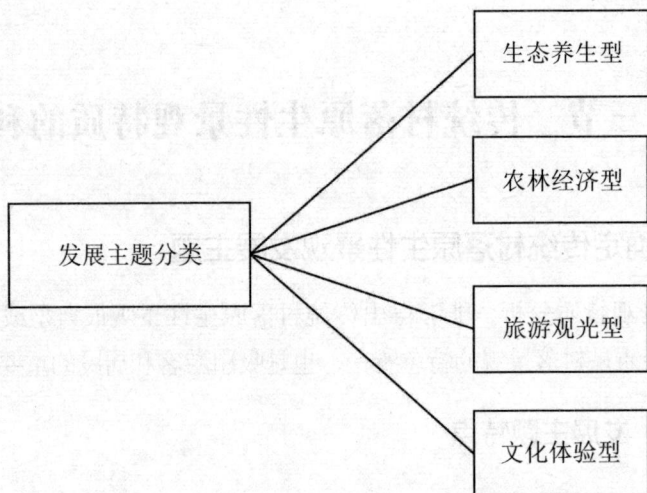

图 2-2 发展主题分类

1. 生态养生型

生态养生型村落在保护既有生态环境的基础上，进一步丰富生态多样性，打造健康休养空间。这种发展主题注重生态环境保护和居民健康养生，适合那些生态环境优美、自然资源丰富的传统村落。在这些村落中，清新的空气、纯净的水源、茂密的植被以及独特的地形地貌，可以为人们提供绝佳的养生环境。例如，一些村落位于山区，拥有丰富的森林资源，空气中富含负氧离子，有助于人们放松身心，增强体质。村落可以充分利用这些自然资源，开发温泉、森林浴等养生项目，吸引更多的游客前来体验。引入民宿、养老或康复产业，还能为当地居民提供更多的就业机会，增加村民的收入，实现生态保护与经济发展的双赢。

2. 农林经济型

农林经济型村落侧重于发挥自有农业、林业、渔业等资源优势，在保护环境的前提下，挖掘潜力，适当引入采摘等农林体验项目，提升村落经济效益。这种发展主题充分利用了村落的农业资源，发展特色农业产业，既能增加村民的收入，又能保护生态环境。在这些村落中，人们可以种植各种特色农作物，如有机蔬菜、水果、茶叶等，还可以发展林业和渔业，养殖鱼类、家禽等。通过开展采摘、观光、农事体验等活动，让游客亲身参与到农业生产中，感受农村生活的乐趣。这样不仅能够提高农产品的附加值，还能促进农村经济的发展，改善村民的生活水平。

3. 旅游观光型

旅游观光型村落重点在于挖掘村落旅游资源，包括自然景观资源和人文景观资源等，并结合村落实际，在传承原生性景观特质的基础上，打造不同类型甚至独具一格的旅游项目，提升游客体验。这种发展主题注重旅游资源的开发和利用，通过打造特色旅游景点和旅游产品，吸引游客前来观光旅游，促进村落经济的发展。在这些村落中，自然景观如山水、森林、田园等，以及人文景观如古建筑、古街道、民俗文化等，都成为吸引游客的重要因素。村落可以通过开发旅游景点、举办民俗活动、提供特色住宿和餐饮等方式，满足游客的不同需求，提升游客的体验感。例如，一些村落可以将传统的民居改造成特色民宿，让游客在享受舒适住宿的同时，还能感受到浓厚的乡村文化氛围。

4. 文化体验型

文化体验型村落重在保护和恢复历史人文景观，在改善居民生活环境的同时，为相关研究人员和历史文化爱好者等提供优良的研究环境。这种发展主题注重文化传承和保护，通过恢复历史人文景观，展示传统村落的文化魅力，吸引文化爱好者前来参观体验，促进村落文化的传承和发展。在这些村落中，保存着丰富的历史文化遗产，如古建筑、古桥梁、古墓葬等，这些都是中华民族优秀传统文化的重要组成部分。村落可以通过对这些历史文化遗产的保护和修复，让游客了解和感受传统村落的文化魅力；开展各种文化活动，如民俗展览、传统技艺表演等，让游客亲身参与到文化体验中，增强对传统文化的认知和理解。

二、传统村落原生性景观特质利用的主要领域

原生性景观作为传统村落的重要组成部分，承载了丰富的历史文化内涵，是认知乡村景观空间的重要工具、表达乡村景观空间秩序的独特语言、延续传统村落景观风貌的有效手段，也是指导乡村景观规划的重要依据。通过对原生性景观特质的研究分析，可以为传统村落的发展提供多方面的指导，具体包括以下几个领域。

（一）为确定传统村落性质和发展方向提供依据

指导村落性质确定：传统村落原生性景观特质是其独特性和文化内涵的重要体现，为确定村落性质提供坚实的基础。例如，金庭镇作为江苏省历史文化名镇，其传统村落具有独特的自然景观和人文特色，是西山景区的重要组成部分和价值载体。通过对原生性景观特质的深入分析，可以明确这些村落在区域发展中的地位和作用，为其性质的确定提供重要指导。

引领发展方向：原生性景观特质还为传统村落的总体发展方向提供指引。在对金庭镇地区进行规划时，应充分考虑传统村落的景观特质，突出对其的保护与传承。例如，对于具有人文价值的村、镇级民居建筑，应进行严格保护和修缮，以维护村落的历史风貌和文化特色。结合居民点调控等措施，合理布局新建设施，避免对原生性景观造成破坏，确保村落的可持续发展。

（二）为制定传统村落原生性景观规划方案提供依据

1. 规划内容指导

功能分区：原生性景观特质研究的相关结论，特别是"山水格局聚落"影响力分析结论等，对传统村落景观规划方案的功能分区具有重要指导意义。通过对原生性景观要素的分析，可以了解村落的自然地理格局和人文历史背景，从而合理划分功能区域，如居住区、商业区、旅游区等，使村落的功能布局更加科学合理。

资源保护：原生性景观特质研究还能为资源保护提供依据。在规划过程中，应根据原生性景观的特点和价值，确定资源保护的重点和措施，加强对自然资源和文化资源的保护，确保村落的生态平衡和文化传承。

2. 规划方法支持

要素分析与量化：传统村落在具体规划时，应将整体原生性景观拆分为各类组成要素的原生性景观，如建筑、山体、水体、农田等，并分别对各要素形态进行分析。通过将分析结果数据化与图式化，可以更加直观地了解村落的景观特征，为规划方案的制定提供有力支持。

参数量化：运用界面密度、正面率以及贴线率等参数的组合量化，可以更全面地认知与分析传统村落街巷界面形态。这些参数可以反映街巷界面的特征和规律，为传统村落景观规划方案设置类似于城市规划中的紫线，成为传统村落原生性景观保护的底线。通过对这些参数的研究和控制，可以确保村落的景观特色和文化内涵得到有效保护。

（三）为管理控制传统村落原生性景观形态提供依据

科学化管理：传统村落原生性景观特质研究成果为村民或集体自发建设行为的科学化与精细化管理提供重要依据。目前，村民或集体自发建设主要存在两种常规模式：一是政府的行政化策略，实行"一刀切"的标准管理模式，这种模式倾向于建设成完全相同的形制和规整的布局形态，容易忽视传统村落的原生性景观特质；二是对建筑或者基地进行简单的数据控制，包括建筑单体面积、建筑高度、容积率、绿化率等方面的标准数据控制，这种模式容易背离传统村落的文化特色，破坏原生性景观的传承。

精细化管控：通过对原生性景观特质的提取归纳，可以科学地指导传统村落原生性景观规划，从顶层设计上控制和管理原生性景观形态。在原生性景观特质分类研究中所采用的分析方法和手段，可用来监控实际景观改造或建设过程中景观特质的变化态势，及时发现和解决问题，从而在实践中控制和管理传统村落原生性景观形态，确保村落的景观特色和文化内涵得到有效保护。

三、传统村落原生性景观特质利用的规划与设计

（一）传统村落原生性景观组织总体规划

1. 规划目标与步骤

可持续发展理念：总体规划的主要目的是通过对原生性景观特质等内容的有效利用，保持传统村落的特色风貌，并提高村民生活质量，增强旅游等吸引力，增加经济效益，实现村落可持续发展。在规划过程中，应始终坚持可持续发展的理念，充分考虑村落的长远发展需求，避免短期行为和盲目开发。

规划内容制定：依据前期原生性景观特质分析结论，按照可持续发展的理念，根据明确的发展主题，结合当地政府的经济发展、社会发展、人口增长等规划安排，制定不同期限的规划目标与步骤。规划目标应具体明确，具有可操作性；规划步骤应合理有序，确保规划的顺利实施。

2. 总体风格与景观格局

为了确保村落的景观设计能够充分展现其独特的魅力和文化内涵,应明确村落景观的总体风格。这不仅包括对村落历史和传统的深入挖掘,还涉及对村落自然环境和地理特征的细致考量。总体风格的确定,应当能够反映出村落的个性特征,同时与周边的自然环境和人文环境保持和谐一致,形成一个有机的整体。

构建合理的景观格局也是至关重要的。这需要对村落的公共空间、绿化区域、步行系统等进行精心规划和布局,确保景观的多样性和层次感。通过这样的设计,可以营造出既美观又实用的景观环境,为村民和游客提供一个舒适愉悦的生活和游览空间。

3. 要素布局优化

保护用地与发展用地:对于不同保护等级区域的使用,包括功能定位、景观布局、交通规划、建筑布局、公共设施建设等进行明确,重点确定村落的保护用地和发展用地。保护用地应严格保护,不得随意开发建设;发展用地应合理规划,充分利用现有资源,促进村落的经济发展。

建筑布局与街巷布局:村落建筑的风格和布局应体现传统村落的特色和文化内涵,注重建筑的形态、结构、材料等方面的设计,营造出具有特色的建筑景观。街巷的分类和布局应合理规划,注重街巷的功能、尺度、形态等方面的设计,营造出舒适、便捷的街巷环境。

特色景观与基础设施:特色景观的位置和功能应突出村落的特色和文化内涵,通过合理布局特色景观,如古建筑、古街道、古桥梁等,展示传统村落的历史文化魅力。基础设施的布局和功能应满足村民的生活和生产需求,同时要注重与景观环境的协调配合,营造出良好的生活环境。

(二)传统村落原生性景观的具体设计原则

1. 空间设计原则

关于地块的划分与保留,设计时应遵循以下原则,以维护空间原生性景观特质。

在空间较大时,宜优先考虑采用长方形或正方形的地块划分方式。在地形显著或聚落、道路等要素产生影响的情况下,应优先考虑保留原有的界线,并根据实际情况进行调整。通过这种方式，可以充分利用地形特征及现有资源，创造出独特的空间景观。

在地块形态与比例方面，不应仅以简单的几个层次为划分标准，而应在全面、深入的调研基础上，合理确定各地块的形态、面积、比例等要素。各地块应依据其固有特点及功能需求，进行恰当的规划与设计，以营造出丰富多变的空间景观。

在空间分割与丰富性方面，应注重分割方式的多样性，并增强空间分割的不规则性，以保持空间整体形态的丰富性。空间分割可采用多种方式和材料，如墙体、栅栏、植物等，以营造出多样化空间氛围。

2. 街巷设计原则

界面密度的控制：在街巷原生性景观特质的界面密度上采取较低的数值，以尊重自然环境，同时强调景观的丰富性。较低的界面密度有助于减少对自然景观的破坏，同时能够彰显街巷的自然特色及其文化内涵。

建筑与道路的适应性：在提升原生性景观特质的丰富性的同时，需充分考虑建筑与道路的适应性。建筑的方向与道路边界的夹角可在一定范围内进行设计上的调整。通过这种方式，可以构建出更为自然、舒适的街巷环境，从而提升居民与游客的体验质量。

道路交叉口的设计：在道路交叉口区域的设计过程中，应重视交叉角度的考量，参照原有的原生性景观特质，并在特定的特征区间内进行适度调整。此做法旨在保留街巷的传统特色与文化内涵，同时满足现代交通的实际需求。

3. 聚落设计原则

建筑空间优化：通过对原有村落原生性景观特质的深入分析，提取典型建筑空间的特征，并在此基础上进行优化，以确定新的建筑空间原生性景观特质，随后依据优化后的特质进行规划设计。新建筑空间的设计应充分顾及居民的生活需求与文化传统，旨在营造一个舒适、便捷且具有鲜明特色的居住环境。

建筑形状与数量：在分析原有村落原生性景观特质的基础上，提取典型建筑形状类型，并据此确定新规划中各类建筑的比例，根据比例确定各类建筑的数量。建筑的形状与数量应与村落的整体风格和文化内涵保持一致，以营造出具有独特风格的聚落景观。

第三章　传统村落的旅游文化资源开发
与利用

传统村落旅游开发作为乡村旅游和文化融合的典型代表，已然成为传统村落保护发展的主要途径。本章将深度挖掘传统村落旅游文化资源的独特性，探索传统村落旅游开发促进乡村振兴的路径与模式，为未来传统村落旅游文化资源的高质量发展提供一些思路。

第一节　传统村落旅游资源的独特性

中国地域广袤，环境和文化差异显著，孕育出了各具特色的传统村落。这些传统村落作为独特旅游资源，相较一般自然或人文旅游资源，具备无可比拟的优势，其丰富的旅游资源禀赋为旅游开发奠定坚实基础。

一、人与自然和谐的空间格局

传统村落深受物我为一、天人合一等东方哲学思想的熏陶，在选址和空间布局上与周边自然环境完美融合。自然山水格局是村落形成和发展的根基，受哲学、伦理等多种因素影响，村落呈现出负阴抱阳、藏风聚气的理想模式。像兰溪的诸葛八卦村、武义的俞源太极星象村以及永嘉县"七星八斗"芙蓉村，它们巧妙地利用自然环境，形成与周边生态环境互生共融的独特景观[1]。

这种和谐的空间格局不仅具有极高的审美价值，还为游客带来独特的旅

---

① 汪瑞霞. 传统村落的文化生态及其价值重塑——以江南传统村落为中心 [J]. 江苏社会科学，2019（4）：213-223.

游体验。游客置身其中，仿佛踏入世外桃源，能够深切感受到大自然的宁静与美好，以及古人顺应自然、与自然和谐相处的智慧。在这里，游客可以远离城市的喧嚣，放松身心，沉浸在山水田园之间，满足对返璞归真生活的向往，获得心灵上的慰藉。

村民传承的传统手工和种植技艺，发展出的原生态农业，更为游客提供参与乡村生活的机会。游客可以亲身参与农事活动，体验种植的乐趣，品尝新鲜的农产品，深刻感受乡村生活的宁静与质朴，领略独特的乡村生产生活方式，丰富旅游体验感。

二、特色建筑蕴含的艺术精神

地域环境的多样性造就了传统村落独特的空间布局、街巷肌理和建筑样式，这些元素蕴含着浓郁的地域文化和营建思想，为游客带来丰富的文化体验。

以徽州传统村落为例，宗族文化在村落布局中起着关键作用。宗祠作为村落的核心建筑，是村民心目中的政治、文化和精神中心，围绕宗祠形成的公共活动中心以及各支祠、家祠构成的次文化节点，展现出独特的徽州地域文化。游客漫步在这样的村落中，可以深入了解当地的家族传承和文化脉络，感受浓厚的历史氛围。

村落的街巷不仅是交通通道，更是生活的舞台。其结构有序，肌理充分考虑地形、风水、安全等因素。婺源理坑村的街巷数量众多，呈枝状伸展，等级清晰完整，游客行走其间，仿佛穿越时空，能深切感受到村落的历史韵味和文化底蕴。

传统村落中连片分布的历史建筑，更是艺术的瑰宝。这些建筑在形制、构造、材料和技艺上都体现先人的智慧和独特技巧。徽派建筑的青瓦白墙、天井和马头墙，皖南古村落的祠堂、书院、牌坊、亭台，以及贵州地区苗家村落、布依族山寨、侗族鼓楼等，风格各异，艺术价值极高。游客可以欣赏到精美的建筑装饰，了解传统建筑技艺，感受不同民族和地域的建筑文化魅力，沉浸在丰富多彩的建筑艺术世界中。

三、多元民俗文化的新奇体验

传统村落拥有丰富多样的民俗文化，这是其发展旅游的独特优势。民俗文化涵盖物质、社会和精神三个层面，因地域、民族等因素的差异而各具特色，通过村民的生活习俗和生产技艺展现得淋漓尽致。

在物质民俗文化方面，歙县卖花渔村的"徽派盆景技艺"远近闻名，作为国家级非物质文化遗产，游客可以在这里观赏精美的盆景作品，了解盆景制作工艺，感受传统物质民俗文化的魅力。徽州"三雕"以其独特的表现形式，展现了当地的艺术特色和文化内涵。

社会民俗文化中的节日习俗、人生礼仪和社交礼俗等活动丰富多彩。歙县许村板凳龙表演、佛山赤山村的跳火光等民俗活动，吸引着大量游客前来观赏和参与。游客可以亲身感受这些活动的热闹氛围，体验当地独特的民俗风情，增进对不同地域文化的了解。

精神民俗文化则为游客打开了一扇了解当地精神世界的窗户。抚州石邮村的跳傩文化，村民通过跳傩避祸求福，表达对傩神的崇奉。这种独特的信仰和娱乐艺术活动，充满神秘色彩，让游客感受到传统文化的深厚底蕴和独特魅力。

传统村落的民俗文化为游客提供多元、新奇的体验，使游客能够深入了解不同地域的文化差异，满足对未知文化的好奇心和探索欲，成为吸引游客的重要旅游资源。

第二节　传统村落旅游资源开发模式

一、传统村落旅游资源开发的理论基础

多因素相互作用理论：多因素相互作用理论认为，事物的发展和变化是由多种因素共同作用的结果。在传统村落旅游资源开发中，这些因素包括自然环境、历史文化、社会经济、政策支持等。这些因素相互作用，共同影响着传统村落旅游资源开发的成效。因此，在制定开发策略时，必须综合考虑这些因素，以实现资源的最优配置和利用。

利益主体理论：利益主体理论认为，旅游资源开发过程中涉及多个利益主体，包括政府、村民、企业、游客等。这些主体在旅游资源开发中各有不同的利益诉求和目标。政府希望通过旅游资源开发促进经济发展、改善民生、

提升文化影响力；村民希望通过旅游资源开发增加收入、改善生活条件、保护文化遗产；企业希望通过旅游资源开发获取经济利益、提升品牌价值；游客希望通过旅游获得愉悦的体验、增长知识、感受文化魅力。因此，在传统村落旅游资源开发中，必须协调好各利益主体的关系，实现利益共享、风险共担，以确保旅游资源开发的可持续性。

旅游可持续发展理论：旅游可持续发展理论强调在不破坏自然环境和文化遗产的前提下，实现旅游业的长期稳定发展。这一理论要求在旅游资源开发过程中，注重生态保护、文化传承和社会经济效益的平衡。传统村落作为特殊的旅游资源，其开发必须遵循可持续发展的原则，以确保其历史文化和自然环境的完整性。

二、传统村落旅游资源开发的模式

（一）总体模式

政府主导型开发模式：政府主导型开发模式是指由政府统一规划、管理和投资，对传统村落进行保护和开发。这种模式的优势在于能够统一规划和协调，确保开发的科学性和规范性。政府的参与可以有效解决资金短缺和管理不善的问题。然而，这种模式也存在一定的局限性，如行政效率低下、市场敏感度不足等。

村民自主型开发模式：村民自主型开发模式是指由村民自发组织，通过自筹资金和自主经营，对传统村落进行开发。这种模式的优势在于能够充分发挥村民的积极性和主动性，增强村民的参与感和归属感；村民对村落的了解和情感投入，能够更好地保护和传承村落的文化遗产。然而，这种模式也存在一定的风险，如资金不足、管理经验缺乏等。

企业参与型开发模式：企业参与型开发模式是指由企业投资和经营，对传统村落进行开发。这种模式的优势在于能够引入市场机制，提高开发效率和经济效益；企业的专业管理和运营能力，能够提升旅游服务的质量和水平。然而，这种模式也存在一定的问题，如企业逐利性可能导致过度开发，忽视文化遗产的保护。

联合开发模式：联合开发模式是指由政府、村民、企业等多方共同参与，对传统村落进行开发。这种模式的优势在于能够整合各方资源，实现优势互补；多方参与可以有效解决资金、技术和管理等问题，提高开发的综合效益。然而，这种模式也存在一定的挑战，如各方利益协调难度大、管理机制复杂等。

（二）阶段性模式

1. 开发初期

在开发初期，传统村落的旅游开发主要以观光游览为主。这一阶段的开发模式应注重保护村落的原始风貌和文化遗产，避免过度开发和商业化；加强基础设施建设，提高旅游接待能力。具体措施包括：

保护村落风貌：对传统村落的建筑、街巷、自然景观等进行保护，保持其原始风貌和历史韵味。

完善基础设施：建设必要的旅游设施，如道路、停车场、游客中心、标识系统等，提高旅游接待能力。

加强宣传推广：通过多种渠道宣传传统村落的旅游资源，提高其知名度和吸引力。

2. 开发中期

在开发中期，传统村落的旅游开发逐渐向深度体验和文化传承方向发展。这一阶段的开发模式应注重挖掘村落的文化内涵，开发多样化的旅游产品。具体措施包括：

开发文化体验项目：结合村落的历史文化和民俗风情，开发文化体验项目，如传统手工艺制作、民俗表演、节庆活动等，增强游客的参与感和体验感。

发展生态旅游：利用村落的自然生态环境，开发生态旅游项目，如徒步旅行、自然观察、生态农业体验等，促进人与自然的和谐共处。

提升服务质量：加强旅游从业人员的培训，提高服务质量和管理水平，提升游客的满意度。

3. 开发后期

在开发后期，传统村落的旅游开发逐渐向休闲度假和文化创意方向发展。这一阶段的开发模式应注重提升旅游产品的品质和附加值，实现可持续发展。具体措施包括：

发展休闲度假产品：结合村落的自然环境和文化资源，开发休闲度假产品，如乡村民宿、度假村、温泉疗养等，满足游客的多样化需求。

推动文化创意产业：结合村落的文化资源，发展文化创意产业，如文化创意产品设计、艺术创作、影视拍摄等，提升旅游产品的文化内涵和附加值。

加强品牌建设：通过品牌建设和市场推广，提升传统村落的知名度和美誉度，增强其市场竞争力。

三、传统村落旅游资源开发模式的优化策略

（一）加强保护与传承

在传统村落旅游开发过程中，必须坚持保护优先的原则，注重文化遗产的保护和传承。传统村落作为中国农耕文明的重要遗产，承载着丰富的历史信息、文化景观和民族记忆。这些村落不仅具有重要的历史、科学、文化、艺术和社会价值，还蕴含着巨大的旅游开发潜力。随着旅游业的快速发展，许多传统村落面临着过度开发和商业化的风险，导致文化遗产的破坏和消失。因此，必须通过科学规划和合理开发，保持村落的原始风貌和历史韵味，避免过度开发和商业化。

首先，应加强对传统村落文化遗产的保护。这包括对古建筑、古街巷、古井、古树等物质文化遗产的保护，以及对传统手工艺、民俗活动、节庆习俗等非物质文化遗产的传承。通过制定严格的保护措施和法规，确保这些文化遗产得到有效保护和传承。其次，应注重村落生态环境的保护。传统村落往往位于自然环境优美的地区，其生态环境是吸引游客的重要因素。因此，应加强对村落周边自然环境的保护，防止过度开发和破坏。最后，应加强对村民的教育和培训，提高他们的文化遗产保护意识和参与度。通过开展文化遗产保护教育活动，增强村民对自身文化的认同感和自豪感，使他们成为文化遗产保护的积极参与者。

（二）优化开发模式

根据传统村落的实际情况，选择合适的开发模式。传统村落的旅游资源开发应根据其自身的特点和条件，选择合适的开发模式，以实现资源的最优配置和利用。常见的开发模式包括政府主导型、村民自主型、企业参与型和

联合开发模式。

政府主导型开发模式适用于资源丰富但管理不善的村落。政府可以通过制定规划、提供资金支持、加强基础设施建设等方式，推动传统村落的旅游开发。例如，浙江省永嘉县楠溪江古村落群的开发，就是由政府主导，通过科学规划和合理开发，保护了古村落的原始风貌和文化遗产，同时发展了观光游览、文化体验和生态旅游等多种旅游产品。

村民自主型开发模式适用于村民积极性高的村落。村民可以通过自筹资金、自主经营等方式，参与传统村落的旅游开发。这种模式的优势在于能够充分发挥村民的积极性和主动性，增强村民的参与感和归属感。例如，贵州省安顺市西秀区旧州镇的开发，就是由村民自主经营，通过发展观光游览、文化体验和生态旅游等多种旅游产品，提高了村民的收入水平，同时也保护了村落的文化遗产。

企业参与型开发模式适用于市场潜力大的村落。企业可以通过投资、经营等方式，参与传统村落的旅游开发。这种模式的优势在于能够引入市场机制，提高开发效率和经济效益。例如，安徽省黄山市黟县宏村的开发，就是由企业参与，通过发展观光游览、文化体验和休闲度假等多种旅游产品，吸引了大量游客，同时也保护了村落的文化遗产。

联合开发模式适用于资源丰富但资金和技术不足的村落。政府、村民、企业等多方可以通过合作，共同参与传统村落的旅游开发。这种模式的优势在于能够整合各方资源，实现优势互补。例如，福建省南靖县书洋镇田螺坑村的开发，就是由政府、村民、企业等多方合作，通过发展观光游览、文化体验和生态旅游等多种旅游产品，实现了村落的可持续发展。

（三）提升服务质量

加强旅游从业人员的培训，提高服务质量和管理水平。传统村落旅游业的发展，离不开高素质的旅游从业人员。通过加强培训，提高旅游从业人员的服务意识和专业技能，能够有效提升旅游服务的质量和水平，增强游客的满意度和忠诚度。

首先，应加强对旅游从业人员的服务意识培训。通过开展服务意识教育活动，增强旅游从业人员的服务意识，使他们能够以更加热情、周到的服务态度接待游客。其次，应加强对旅游从业人员的专业技能培训。通过开展专业技能培训活动，提高旅游从业人员的专业技能，使他们能够更好地满足游客的需求。最后，应加强对旅游从业人员的管理培训。通过开展管理培训活动，提高旅游从业人员的管理水平，使他们能够更好地组织和管理旅游活动。

（四）加强宣传推广

通过多种渠道宣传传统村落的旅游资源，提高其知名度和吸引力。传统村落的旅游资源丰富多样，但许多村落由于宣传不足，知名度较低，影响了其旅游资源开发的效果。因此，必须通过多种渠道，加强宣传推广，提高传统村落的知名度和吸引力。

首先，应利用互联网和社交媒体等现代传播手段，开展线上宣传推广活动。通过建立传统村落旅游官方网站、社交媒体账号等，发布村落的旅游信息和活动，吸引更多的游客关注。其次，应利用传统媒体，如报纸、杂志、电视等，开展线下宣传推广活动。通过制作宣传册、电视节目等，介绍传统村落的旅游资源和文化特色，提高其知名度。最后，应加强与旅游企业的合作，开展联合宣传推广活动。通过与旅行社、旅游网站等合作，推广传统村落的旅游产品，吸引更多的游客前来参观。

（五）推动多元化发展

结合传统村落的自然环境和文化资源，开发多样化的旅游产品。传统村落的旅游资源丰富多样，包括自然景观、文化遗产、民俗风情等。通过开发多样化的旅游产品，能够满足游客的多样化需求，提升旅游产品的竞争力。

首先，应开发观光游览产品。结合传统村落的自然景观和文化遗产，开发观光游览线路，让游客能够欣赏到村落的美丽风光和独特文化。其次，应开发文化体验产品。结合传统村落的民俗风情和手工艺，开发文化体验活动，如传统手工艺制作、民俗表演、节庆活动等，让游客能够亲身参与，感受村落的文化魅力。最后，应开发休闲度假产品。结合传统村落的自然环境和文化资源，开发休闲度假产品，如乡村民宿、度假村、温泉疗养等，让游客能够在村落中放松身心，享受悠闲的假期。

通过加强保护与传承、优化开发模式、提升服务质量、加强宣传推广和推动多元化发展，传统村落的旅游资源开发将更加科学、合理和可持续，为乡村振兴和文化传承提供重要支持。

第三节　传统村落非遗资源创新利用

非物质文化遗产（简称"非遗"）是指各族人民世代相传并视为其文化遗产组成部分的各种传统文化表现形式，以及与传统文化表现形式相关的实物和场所。近年来，在文化强国、乡村振兴战略的大背景下，非遗概念日益广泛传播、深入人心，传统村落非遗资源的创新发展迎来新的发展机遇。

一、非遗的理论原理

（一）非遗资源创新利用的理论依据

在传统村落非遗资源创新利用的研究领域，深入探究其理论依据对于理解和推动相关实践意义重大。这不仅涉及对非遗自身价值的深度挖掘，还关联到其在传统村落发展中的多维度作用，以及在社会文化发展进程中的深远影响。

从文化传承与发展的理论视角来看，非遗作为民族发展的精神根基之一，是优秀传统文化基因的集中体现。联合国教科文组织《保护非物质文化遗产公约》明确指出，非遗世代相传，在各社区和群体适应周围环境以及与自然和历史的互动中被不断地再创造，为社区和群体提供认同感和持续感，从而增强对文化多样性和人类创造力的尊重。这深刻阐释了非遗在传承民族文化、维系社区凝聚力方面的核心价值。在传统村落中，非遗承载着当地民众的集体记忆，是民众精神力量和文化标志，保持着传统村落的连续性和独特性。对传统村落非遗的保护与创新利用，是对传统文化的复兴与重建，是民众文化认同的彰显与强化，应将其视为民族文化复兴总体任务的有机组成部分。

从可持续发展理论出发，非遗资源的创新利用需要遵循合理原则。《中华人民共和国非物质文化遗产法》规定，国家鼓励和支持在有效保护的基础上，合理利用非遗代表性项目开发具有地方、民族特色和市场潜力的文化产品和文化服务。然而，在实践中，非遗资源存在着递减性，并非取之不尽、用之不竭。在对非遗资源进行利用时，必须考虑文化资源的可持续性、适应性管理和文化资源价值的多样性。要在传统村落非遗创新利用过程中，要在整体社会结构中来认识和理解非遗的可持续发展，实现生态效益、经济效益与社会效益的整体统一。利用手段既要有利于文化资源的转化，又要重视非遗文化内涵的完整与文化生态的保护，使得非遗按照其自身的文化逻辑与演化规律持续生长。

在社区参与理论方面，联合国教科文组织在非遗保护实践中不断凸显社区的关键意义。《公约》和《实施〈保护非物质文化遗产公约〉的业务指南》多次述及社区并做出相关规定，强调保护社区传统，尊重社区民众主体性，优先保障社区民众的文化权利和社区的发展权利。传统村落非遗的创新利用必须建立在相关社区群体的共同认可、共同参与之上，始终贯彻以人为本原则，切实维护非遗的创造者和传承者的文化话语权、文化选择权及文化发展权等基本权利，在利用中兼顾经济效益与社会效益，同时兼顾创造者和使用者的权益，以提升非遗的存续力。

（二）非遗的特征解析

非遗的特征解析体现在以下四个方面，如图 3-1 所示。

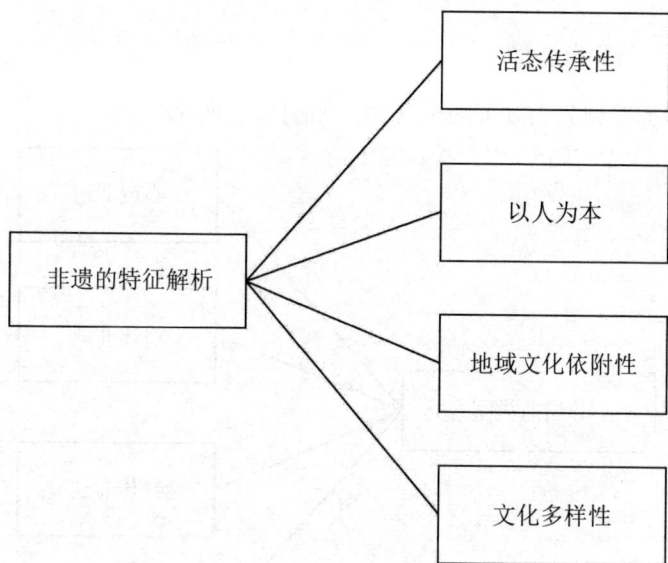

图 3-1　非遗的特征解析

活态传承性：非遗世代相传，在各社区和群体适应周围环境以及与自然和历史的互动中被不断地再创造。这意味着非遗在传承过程中，会随着时代变迁、社会发展以及不同地域环境的差异，不断调整和变化。例如，民间的传统手工艺，其制作工艺和样式可能会因传承人的创新、当地原材料的变化以及市场需求的不同而有所改变，始终保持着动态发展的态势。

以人为本：非遗以人为载体和中心，承载着非遗技艺、技术或知识的传承人是非遗延续的决定性因素。离开了人的参与，非遗就失去了传承和发展的动力源泉。在传统村落中，非遗往往与当地居民的生活紧密相连，通过口传心授、实践操作等方式在人与人之间传递，体现着民众的智慧、创造力和生活方式。

地域文化依附性：它深深扎根于特定的地域环境，与当地的自然生态、社会结构、民俗风情等相互交融，反映出鲜明的地方特色和民族风格。例如，不同民族的传统服饰制作技艺，从选材、图案设计到制作工艺，都蕴含着该民族独特的文化内涵和审美观念，与当地的自然环境和生活习俗息息相关。

文化多样性：世界上不同地区、不同民族的非遗各具特色，共同构成了丰富多样的人类文化景观。这些非遗项目在艺术表现形式、价值观念、传承方式等方面存在差异，为人类文化的多样性发展做出了重要贡献。

（三）非遗的类型

非遗的类型划分为以下四个方面，如图 3-2 所示。

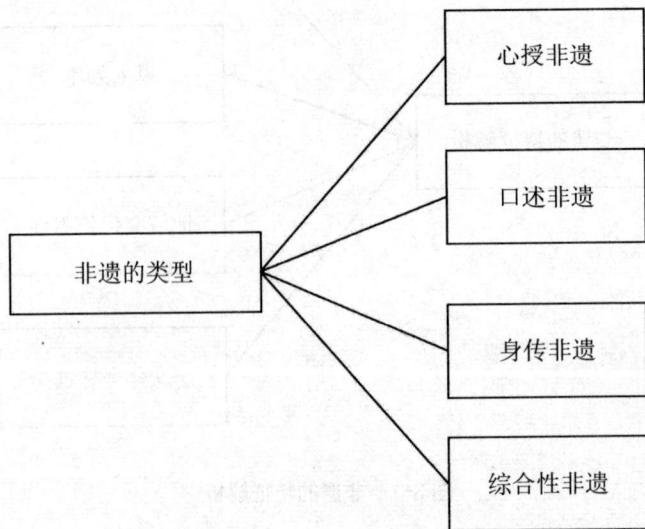

图 3-2　非遗的类型

1. 心授非遗

心授非遗主要借由人的观念，以一种潜移默化、润物无声的方式进行表达与传承。这种非遗并非具象的物质形态，而是由观念、信仰、心理等诸多抽象元素构筑而成的精神文化大厦。

传统信仰便是心授非遗的典型代表。在许多古老的乡村，人们对土地神的信仰源远流长。每逢特定时节，村民们怀着敬畏之心，举行庄重的传统仪式。他们相信土地神掌管着土地的丰饶，庇佑着庄稼的丰收。这种信仰并非通过文字典籍生硬地记载传承，而是在祖祖辈辈的言传身教、耳濡目染中，悄然融入每一个人的内心。孩子们从小跟随长辈参与传统仪式，在那肃穆的氛围中，懵懂地感知着这份信仰的力量，长大后又自然而然地将其传递下去。

民族心理同样是心授非遗不可或缺的部分。以中华民族为例，历经数千年的风雨洗礼，坚韧不拔、团结互助的民族心理特质早已根深蒂固。从古代抵御外敌入侵时全民一心的抗争，到面对自然灾害时众志成城的救援，这种民族心理在关键时刻总能爆发出强大的凝聚力。它通过家庭、社会环境的熏陶，在人们日常的行为举止、价值判断中得以体现，成为中华民族独特的精神标识。

传统节日更是心授非遗的生动展现。春节，阖家团圆，人们贴春联、放鞭炮、走亲访友，这些习俗背后蕴含着对美好生活的向往、对亲情友情的珍视。端午节，赛龙舟、吃粽子，纪念伟大诗人屈原的同时，传递着爱国情怀与民族气节。这些节日习俗在代代相传中，将民族的精神内核、价值观念不断延续，成为维系民族情感的重要纽带，让人们在节日的欢庆中，铭记民族的历史与文化。

2. 口述非遗

口述非遗是指以口述形式创造和传承的人类遗产，即通过人的说、吟、唱等表达和传承的人声文化遗产，如口语、说书、相声、山歌等。口述非遗具有一定体系性，从口述遗产的功能看，口述非遗体系由口述文艺遗产与口头语言遗产两部分组成。

（1）口述文艺遗产

口述文艺遗产是指人类在生产或生活实践中通过口述形式创造和传承的具有艺术审美特性的文化遗产。口述文艺遗产类型如下：

口头文学遗产是指通过口述语言形式塑造文学艺术形象反映现实或表达

情感的文化遗产，如神话、民间传说、传统故事、传统歌谣、民族史诗等。口头文学遗产往往具有以下特点：①采用纯粹口述形式创造和传承，即徒口讲说吟诵，不外带音乐、舞蹈、图像等视听形式；②通过叙事或抒情来塑造文学形象，具有文学感染力；③多为群体或集体创造和世代传承，具有群体性、历史性。

口头技艺遗产是指人采用独特的发声技巧模仿自然界或人类社会中的各种声音而创造、传承的人声遗产，这种遗产侧重展示人类利用自己的发音器官模仿外界声音的技巧和能力。口技是口头技艺遗产的主要代表，又叫"像生"或"象声"，即以口音模仿各种人声、鸟声、市声等。

口头文学与口头技艺双重遗产是指既强调人声发声技艺，又重视通过口述语言塑造艺术形象的文化遗产，如相声、说话等。相声由口技发展而来，在仿声技艺基础上融入文学与表演成分。说话是在民间故事基础上发展起来的，到唐代介入书面创作后出现"话本"，形态也丰富起来。

徒口音乐遗产是指人徒口创造或传承的具有旋律的人声文化遗产，强调人声的旋律性和节奏感。民歌是徒口音乐遗产的代表，有山歌、渔歌、花儿、号子等多种叫法，是特定民族、区域、行业的人在生产、生活或民俗活动中创造和传承的音乐性人声文化遗产。民歌按功能分类，可分为劳动歌、生活歌、仪式歌等类型。劳动歌主要是指人们在生产劳动过程中用来表情达意的歌曲；生活歌主要是指人们在社会生活中形成的歌曲；仪式歌主要是指人们在各种生产、生活、民俗仪式活动中演唱的歌曲。徒口音乐遗产即无伴奏的人唱艺术，主要源头有三：①口头语言和诗歌，它们的节奏、韵律具有音乐性；②人体的节奏感和节奏音响，如呼吸、说话、劳动等节奏性；③传情达意时的手势语、呼喊声、仿声等，奠定口头歌唱的"歌唱"或"出声"的生理基础及物理条件。

（2）口头语言遗产

语言是人类区别于动物的一个重要标志，口头语言遗产是指某一民族或地区的人世代通过口述形式传承的语言，如各民族口语、方言口语等。口头语言遗产与人类在生产、生活实践中使用的手势语、旗语、拟声、仿声、信号、记号和文字等语言形态一样，是人类传情达意的手段、工具。口语有两个重要特征：高度发达的记忆功能，忠实于事实具体细节的信念，二者互为因果。口头语言遗产是人类发生学研究的重要资料。

3. 身传非遗

身传非遗是指人通过自身身体的局部或整体运动来创造或传承的技艺性文化遗产。身传非遗是一种人体动态遗产，遗产的文化意义蕴含在人体的运动中，是一种空间的视觉的文化。根据身体运动的形式和效果来分，身传非遗可以分为行为技艺遗产与形体技艺遗产两大类。

（1）行为技艺遗产

行为技艺遗产是指人通过自身行为改变对象原有形态而创造、表达和传承的文化遗产。行为技艺遗产与形体技艺遗产有共同点：①二者都是技艺遗产，技艺是其遗产的核心；②二者的创造、表达与传承都离不开人体运动，是身传遗产。行为技艺遗产主要依靠人体运动所作用的对象状态来表现，是对象的空间状态和意义表达。行为技艺遗产的类型如下：

艺术技艺遗产是指人以生产艺术或艺术产品为目的的技艺性行为，如传统的器乐演奏技艺、绘画技艺、书法技艺、工艺刺绣技艺、艺术雕刻技艺等。

生产技艺遗产是指人以生产农业或工业产品为目的的技艺性行为，如农业耕作技艺、渔业生产技艺、纺织技艺等。

生活技艺遗产是指人以生活或生活产品为目的的技艺性行为，如传统烹调技艺、传统刺绣技艺等。

民俗技艺遗产是指人以民俗活动或民俗产品为目的的技艺性行为，如飘色绑扎技艺、传统活动技艺等。

其他技艺遗产是指人以生产、艺术和民俗之外的需求为目的的技艺性行为，如中医的针灸、推拿技艺等。

（2）形体技艺遗产

人类的直立行走、手的动作与手势，身体的曲直扭动、体态体势语言等是形体技艺遗产形成和发展的基础，人类生产、生活的功利性需求与娱乐、审美的非功利性需求分化则是形体技艺遗产分化为形体艺术与形体竞技的内在动力。形体技艺遗产是指人类在生产、生活实践中逐步形成的以人体自身运动形态来创造、表达和传承的文化遗产。

形体艺术遗产是指人借改变身体状态来叙事抒情、表达意志，满足人类娱乐、审美等非功利性需求为目的的身体运动技艺，形体的空间造型与艺术表达是形体艺术遗产的核心。

形体竞技遗产是指人借改变身体状态以满足人类竞技等功利性需求目的

的身体运动技艺。其核心是展示人体运动的特技、力量、灵巧性。传统杂技、传统武术与传统体育等是形体竞技遗产的代表。

4. 综合性非遗

综合性非遗突破了单一传承方式的局限，通过两种或两种以上的方式巧妙融合，创造、表达并传承着独特的文化内涵。

在口述与心授并重的非遗中，各种讲唱表演堪称典范。例如，蒙古族的"乌力格尔"，艺人们手持四胡，用生动的语言、丰富的唱腔，讲述着古老的英雄传说、部落故事。他们在讲述过程中，不仅传递着故事的情节，更将蒙古族的勇敢、智慧、对自由的向往等精神观念融入其中。听众们在聆听的过程中，既沉浸于精彩的故事，又在不知不觉间接受了民族精神的熏陶，心授的文化在口述的魅力中得以传承。

在口述与身传并重的非遗中，说唱表演和伴乐演唱别具一格。以苏州评弹为例，演员们一边用吴侬软语娓娓道来故事的发展，一边通过细腻的肢体动作、表情神态，生动地展现角色的性格与情感。琵琶、三弦等乐器的伴奏，为表演增添了独特的韵味。观众在欣赏表演时，既被演员的说唱所吸引，又被他们的肢体演绎打动，口述与身传相辅相成，让这一非遗充满魅力。

在身传与心授并重的非遗中，伴乐舞蹈和仪式舞蹈是典型代表。像傣族的孔雀舞，舞者们通过优美的舞姿，模仿孔雀的灵动姿态，展现出对自然的敬畏与热爱。舞蹈过程中，音乐的节奏与舞者的动作完美配合，而这种对自然的尊崇观念，早已深深烙印在傣族人民的心中，通过舞蹈这一身体语言得以传承。仪式舞蹈如彝族的火把节舞蹈，人们围绕着火把，手拉手欢快起舞，在舞蹈的律动中，传递着对火的崇拜以及对美好生活的祈愿，心授的信仰与身传的技艺紧密相连。

在口述、身传、心授并重的非遗中，传统戏剧表演和传统民俗活动尤为突出。传统戏剧如京剧，演员们在舞台上，通过唱、念、做、打等多种表演形式，讲述着历史故事、人生百态。他们的唱腔、念白是口述的艺术，身段、动作是身传的技艺，而戏剧所传达的忠、孝、节、义等价值观念，则是心授的文化精髓。在传统民俗活动中，如某些地区的傩戏表演，集歌、舞、仪式于一身，演员们边唱边跳，进行着庄重的仪式，将当地的信仰、传说等文化元素，以口述、身传、心授的方式全方位展现给观众，让这一综合性非遗绽放出耀眼的光芒。

二、传统村落非遗资源创新利用的时代机遇

（一）政策机遇

我国以非遗为代表的中华优秀传统文化的创造性转化、创新性发展在文化强国中的地位不断彰显，集中表现为非遗保护利用政策支撑体系的确立和不断完善。

2021年8月，中共中央办公厅、国务院办公厅印发了《关于进一步加强非物质文化遗产保护工作的意见》，对如何加强非物质文化遗产的保护提出了明确要求。

之后，2024年文化和旅游部在相关工作部署中进一步聚焦非遗助力乡村振兴，明确支持将传统村落非遗开发与乡村特色产业融合发展，促进非遗项目和工坊进景区、进街区、进乡村旅游点。通过打造非遗旅游线路和特色园区，推动传统村落非遗与休闲农业、乡村旅游等产业深度融合，为乡村产业振兴注入新活力。

中国式现代化是赓续古老文明的现代化，而不是消灭古老文明的现代化。传统村落非遗是古老文明的典型形态，它联系古今，具有历史性、传承性、活态性、创造性、共享性、精神性等特征。对传统村落非遗的保护与创新利用，实际上是对传统文化的复兴与重建，是民众文化认同的彰显与强化。

（二）战略机遇

在当今时代背景下，传统村落要立足乡村文明之根，积极汲取城市文明与外来文化中的优秀成果。在全面保护与传承非遗资源的基础上，实现创造性转化与创新性发展，为其赋予鲜明的时代内涵、丰富多样的表现形式。

非遗作为乡村优秀传统文化的重要载体，是古老农耕文明的生动写照，它深深地融入居民的生产生活之中。从传统手工艺到民俗文化，非遗体现着当地的历史记忆与集体智慧。

尤为重要的是，非遗资源具有独特的经济价值和社会效益。它可以助力传统村落的劳动力实现就近就业，让村民在家门口就能获得稳定的收入。将非遗创新利用与发展特色产业紧密结合，推动村落经济转型升级，这不仅能够提升传统村落的经济活力，更能为乡村振兴注入深厚的文化底蕴，从精神层面为传统村落发展提供强大支撑。这种创新利用模式，对传统村落的全面

振兴具有不可忽视的重大现实意义。

（三）发展机遇

随着文旅融合供给侧结构性改革如火如荼地推进，文化旅游产品与服务的种类和质量得到显著提升，使得文旅产业的发展越来越注重将优秀的文化遗产与游客的实际需求有机地结合起来。

在文化和旅游部提出的"非遗走进现代生活"以及"见人见物见生活"等重要理念的积极推动下，近年来，传统村落与文旅产业的融合发展模式变得更加多样化，出现"非遗＋研学""非遗＋演艺""非遗＋节庆""非遗＋文创""非遗＋民宿"等多种文化旅游的新业态。这些新业态不仅为非遗的传承与创新提供新的活力和生命力，使其更加生动和流行，同时也极大地丰富游客的文化体验，帮助打造了具有地方特色的文化品牌，为区域的经济社会发展注入强大的动力。

三、传统村落非遗资源创新利用的实现路径

（一）"非遗＋旅游"：激发传统村落非遗发展新活力

随着旅游业的持续发展与转型升级，游客对旅游体验的要求日益提升，在感官体验、认知探索以及精神共鸣等层面的需求愈发强烈。传统村落非遗所具备的生活化、活态化，以及其独特性和稀缺性特征，使其与注重体验的旅游业天然契合，二者深度融合是文旅高质量发展的必然趋势。这不仅能够提升旅游产品的文化品位，更能为传统村落非遗的保护、传承与发展注入强大的内生动力。要推动非遗与旅游在有效保护的基础上实现融合与高质量发展。在此背景下，"非遗＋旅游"模式蓬勃发展，成为文旅融合的一大亮点。

对于那些非遗资源丰富且乡村旅游开发基础良好的传统村落而言，可以通过科学规划和整体设计，打造以非遗为主题的文化村。一方面，对传统建筑进行修复，优化景观并重建生态，改善村落文化空间；另一方面，创新利用非遗资源，将闲置建筑改造为展示馆、体验馆等公共文化空间，融入多种业态，形成以非遗为核心的旅游利用模式。陕西省礼泉县袁家村就是典型案例，它将物质文化遗产与民俗文化相结合，邀请非遗传承人入驻，借助多元模式推动非遗与乡村旅游协同发展。

在地理分布集中、文化特色相似且共享非遗项目的传统村落,可以整合非遗资源,采用点状与带状结合的开发方式,打造非遗主题旅游线路。文化和旅游部发起的"全国非遗特色旅游线路征集"活动中,浙西南畲乡非遗技艺体验游等众多线路,丰富了文化旅游市场,有力地带动了传统村落的经济发展。

非遗与景区的融合也是"非遗 + 旅游"的重要形式,可通过文本开发、互动体验等多种方式进行。例如江西婺源将非遗项目引入景区,提升景区文化内涵;福建龙岩将非遗与永定土楼融合,让游客深入体验客家文化。

不过,在"非遗 + 旅游"发展过程中,也要警惕过度商业化带来的问题,要遵循文化尊重、可持续开发以及保护知识产权等原则,确保非遗存续力,保障传承人和社区民众的利益。

(二)"非遗 + 特色文化产业":探寻传统村落非遗发展新路径

传统村落非遗资源地域特色鲜明、民族风格独特,为文化创意产业提供丰富的创意源泉,衍生出多种发展模式。

"非遗 + 文化创意产品"模式是从传统非遗项目中提取文化元素,与时尚元素融合,通过创新设计开发出符合当代审美和日常需求的产品。以贵州丹寨锦绣谷为例,其围绕民族传统手工技艺,打造"锦绣体系",实现了手工产品的规模化和规范化生产。

非遗具有独特的育人价值,"非遗 + 研学"模式将非遗与教育有机结合,让学生在原生环境中了解非遗,感受传统文化魅力,培养保护传承文化的责任感,提升实践和审美能力。黔东南州阿科里绣娘农民专业合作社的非遗研学项目,让学生在体验中学习非遗文化,效果显著。

传统村落非遗中的一些项目具有观赏性和体验性,"非遗 + 创意演艺"模式将其与演艺产业融合,通过山水实景演出、舞台展演等形式,展现地方文化风貌。《印象·刘三姐》《魅力湘西》等演出,融合多种非遗元素,运用科技手段提升表现力,开创了文化、自然、科技融合发展的新路径。

在"非遗 + 特色文化产业"模式中,要充分利用非遗元素,研发新产品和服务,推动传统村落非遗保护和文化产业可持续发展。

(三)"非遗 + 数字技术":拓展传统村落非遗发展新空间

科技发展为传统村落非遗利用带来新机遇,数字技术成为推动非遗创新利用的重要力量。运用数字技术开发利用非遗资源，能够改造传统产业，催生新的文化业态，为非遗传承与发展注入新活力。

数字技术在非遗领域的应用，可以提升非遗保护水平，推动数字化传承和传播。一方面，数字化档案助力非遗产品设计，优化表达形式，如传统技艺类非遗可借助数字技术采集纹样数据，提升生产效率；另一方面，数字技术围绕非遗原生内容进行再创作，使其在影视、动漫等领域展现魅力。

数字技术打破了非遗传播的时空限制，拓展了其保护、传承、传播和利用的空间。新媒体平台让非遗传承人、产品与消费者紧密相连，直播的实时性和互动性彰显了非遗的活态属性，促进非遗的传播和销售。

数字技术还可以提升传统村落的知名度和影响力。在新媒体平台上，大量传统村落非遗内容获得广泛传播，成为村落文化名片，推动村落经济的发展。

第四节　传统村落文旅融合高质量发展

坚持高质量发展是新时代的硬道理，也是传统村落文旅融合的重要方向。

一、文旅融合与高质量发展的理论意蕴

（一）文旅融合的概述

文旅融合，即将文化与旅游资源进行有效整合，通过创新方式实现两者的相互促进与协同发展。这一过程中，文化为旅游注入灵魂，旅游则为文化传播提供平台与载体 ①。

1. 文旅融合的理论

产业融合理论：随着技术进步与市场需求的变化，不同产业间的边界逐渐模糊，形成产业间的交叉与渗透。这一理论为文旅融合提供了理论支撑，说明了文化与旅游两大产业结合的必然趋势。文旅融合正是这一理论在文化

---

① 蒙涓. 高质量发展背景下传统村落文旅融合治理研究 [J]. 西部旅游, 2022（13）: 42.

与旅游领域的具体实践，通过资源整合与产品创新，实现产业价值的最大化。例如，将传统文化元素融入旅游产品设计中，不仅能够丰富旅游体验，还能提升文化传承的实效性，从而达到文化与旅游的双赢局面。

文化资本理论：文化是一种可以积累、传承与转化的资本。这一理论为文旅融合提供新的视角，即文化资源可以作为一种资本进行开发和利用。在文旅融合中，文化资本被转化为旅游资源，通过旅游活动实现其经济价值的转化与增值。例如，历史遗迹、民俗风情等文化元素，通过旅游活动的推广，可以吸引游客，带动地方经济发展，同时也有助于文化的保护与传播。

体验经济理论：消费者在购买产品或服务时，更注重的是过程中的体验与感受。这一理论为文旅融合提供重要的市场导向，即在产品和服务的设计中应注重消费者的体验。文旅融合正是通过提供独特、丰富的文化体验，满足消费者的个性化需求，实现经济效益与社会效益的双赢。例如，通过举办文化节庆活动、开发主题旅游路线等方式，让消费者在参与和体验中获得精神上的满足，同时带动相关产业的发展，创造更多的经济价值。

2. 文旅融合的时代特点

主题性：文化旅游不同于普通的观光旅游，而是以文化为主题和内涵，使旅游者在游览过程中，能深入体验文化。每一项旅游活动都是有目的、有主题的，文化旅游者消费该产品的目的性十分明确，因此文化旅游必然要有一个十分鲜明的主题。

高效性：文旅融合既提高了文化资源的价值，也更好地满足了旅游者的体验需求，旅游效果提升，经济效益和文化效益都得到充分实现。

多要素：文旅融合形成文化旅游产业，融合形成需要多种要素投入，其投入的主要是"软体"要素，而且各要素所起的作用也不同。

综合性和专业性同在：新兴产业融合传统产业部门，形成一个综合性系统，为文化旅游者提供广泛的服务。这一系统性工作需要高度专业化，每个环节都需要专业从业者的卓越表现。此过程必须综合考虑市场因素、法律法规、消费行为等多方面因素的影响。

竞争性与协同性并存：在文旅融合后所形成的内部结构中，包括来自不同产业门类的部门，这些部门在业务上相互协作、相互促进、协同运作，但新兴产业也不可避免地面临着激烈的竞争。鉴于文化旅游领域所带来的丰厚回报，将会吸引众多类似类型的企业参与，争夺市场份额，特别是在该产业初期，由于市场格局尚不稳定，竞争愈加激烈。

（二）高质量发展的基本内涵

从学术界对发展的诠释和定义来看，发展从简单的增长与发展的研究到经济发展与国民经济增长，再到追求高质量的发展的探索，经历了很长的研究时间。不同经济学派对不同时期的经济发展都做出过自己的诠释，都推动着人类社会对"什么是发展""怎么样发展"问题的进一步诠释和探索。进入新时代，"我国经济已由追求高速增长转向追求高质量发展阶段"成为我国国民经济高质量发展的基本标志与特征，在这一新的发展时期，也让人们对发展的定义有了重新诠释与思考。因此，我国经济学界对新时代我国经济发展的主题进行了积极回应，即"高质量发展"，而且从新时代的经济常态、高质量理念、社会主要矛盾转变、宏观、中观、微观及资源配置等多个角度对高质量发展进行了诠释。

对于高质量发展的理论研究，我国学术界主要从以下五个方面进行阐述与研究：第一，从发展的新常态的角度。高质量发展是从立足新常态、融入新常态、领衔新常态的理论研究基础上对发展的更深入的研究，在保证国民经济稳健增长的同时，对发展质量与效益、经济结构调整、培育新的经济增长点等方面做出的新要求。第二，从发展的新理念角度。高质量发展要坚持新发展理念和新的发展要求，科技创新是高质量发展的推动力，协调发展是高质量发展的基本路径，绿色环保是高质量发展的基本原则，开放共赢是高质量发展的基本要求。第三，进入新时代，我国社会的主要矛盾已经转化为人民日益增长的美好生活需要和不平衡不充分的发展之间的矛盾，我国在经历了高速发展的同时，经济、政治、文化等方面都取得了长足进步，高质量发展就是要满足人民日益增长的美好生活需要。第四，从宏观、中观、微观角度。宏观角度的高质量发展是对我国国民经济发展的整体质量和效益的调整，不仅包括经济总量的发展，还包括经济发展的质量要求、国民经济的运行效率、社会公共服务水平、出口贸易额的数量、民生教育、政策导向等方面，从根本上提高我国经济发展的质量，健全我国经济发展的宏观调控机制、转变政府宏观调控目标、完善供需体系、提升我国国际竞争力；中观角度的高质量发展主要是对经济发展的产业结构、出口投资结构、国民消费结构的调整，提升经济发展的生产力水平，解决经济结构不平衡的问题，最终目的是从产业链的角度提升产业产出效益与高质量发展；微观角度的高质量发展是从企业、行业角度对产品质量水平、服务水平做出调整，以提升整个企业的竞争力，实现行业的供给与需求的平衡，对每个企业、每个行业都提出更高的要求，促使企业通过科技创新、技术革新来提升自身的竞争力。第五，从投入与产出的效益的角度进行调整，高质量之下，高的投入必然会产出高的效益，能够实现资源的优化配置。

高质量发展就是要解决人民日益增长的美好生活需要和不平衡不充分的发展之间的矛盾，通过全面提升国民经济的发展质量，倡导科技创新、和谐共赢、生态绿色、开放共享的发展理念，并促使企业对产品质量与服务水平进行全面提升，使社会经济效益更加优良。高质量发展的多维度特性可以对发展范畴进行更全面的概括，从广义上讲，高质量发展包括政治领域、经济范畴、社会文化、生态文明等多个方面，以新的发展理念为导向，能够解决我国社会经济发展的主要矛盾，满足人民美好生活的需要，也包括社会意识形态、文化传播、国家治理等方面的高质量发展，所以要在量上追求经济发展的同时，协调好社会经济发展与高质量发展之间的关系；从狭义上讲，高质量的发展与以往追求的高速度的发展是不同的，高速度的发展以粗放型的经济增长方式增长，而高质量发展是保证经济总量处于合理区间的基础上，对发展质量、经济效益提出更高的要求，是一种可持续的发展，不再单一地追求经济增长数量，而是从科技创新、技术创新、消费驱动、投资效益、产业结构调整等多个角度来促进经济发展，是对以往粗放型的发展观念、增长方式、发展战略、推进动力、发展目标的又一次结构优化和产业升级。概括来说，高质量发展既追求提高质量增加效益，又重视经济结构变革。

高质量发展不仅仅要在经济发展质量、发展效率方面进行提升，对于经济结构的优化调整同样要重视起来，包括各个行业、各个产业的发展效益、经济质量、投入产出比等方面要朝着更加科学合理的方向迈进。

（三）文旅融合与高质量发展的关系

推动产业结构优化升级：文旅融合不仅有助于推动文化与旅游产业的结构优化升级，而且能够促进相关产业链的延伸和发展，从而形成新的经济增长点。通过资源整合与产品创新，可以提高产业附加值，增强地区经济的竞争力。这种融合还能带动就业，促进当地居民收入的增加，进一步推动社会经济的全面发展。

促进文化传承与创新：文旅融合为文化传承与创新提供广阔的空间和无限的可能性。通过旅游活动，不仅能够使传统文化得以展示与传播，而且还能让旅游者亲身体验和感受，从而加深对文化的理解和认同。旅游者的多元文化背景也为文化创新提供灵感与源泉，促进文化的多样性发展并提供了活力。

提升地区品牌形象：文旅融合有助于提升地区的品牌形象与知名度。通过打造具有地方特色的文旅产品，可以更好地展示地区的文化特色和自然风光，增强地区的吸引力与影响力。这不仅能够吸引更多的游客，还能促进地区经济的持续发展，提高居民的生活质量。

实现可持续发展：文旅融合遵循绿色、低碳、循环的发展理念，有助于实现地区的可持续发展。通过合理规划与科学管理，可以有效保护生态环境与文化遗产，避免过度商业化和资源的无序开发。这样不仅能够实现经济效益的最大化，还能确保社会效益和生态效益的和谐统一，为后代留下一个宜居和可持续发展的环境。

二、传统村落文旅融合高质量发展的意义

（一）推动乡村振兴战略实施

传统村落文旅融合高质量发展是乡村振兴战略的重要组成部分。通过发展文旅产业，能够带动传统村落的经济增长，促进产业兴旺。一方面，吸引游客前来观光旅游，带动餐饮、住宿、交通等相关产业发展，增加村民收入；另一方面，促进传统手工艺、特色农产品等的开发与销售，推动农村产业结构优化升级。同时，文旅融合还能促进乡风文明建设，通过挖掘和传承传统村落的文化内涵，增强村民的文化自信和归属感，营造良好的乡村文化氛围。发展文旅产业有助于吸引人才回流，解决乡村"空心化"问题，为乡村振兴提供人力支持，实现乡村经济、文化、社会的全面发展。

（二）促进文化传承与创新

传统村落承载着丰富的历史文化遗产，如古建筑、民俗文化、传统技艺等。文旅融合高质量发展为这些文化遗产的传承与创新提供有效途径。通过

旅游开发，将传统村落的文化资源转化为旅游产品，让更多人了解和接触到这些文化遗产，增强文化认同感和保护意识。例如，游客在参观传统村落的古建筑时，能够直观感受到古代建筑技艺的魅力，从而激发对传统文化的兴趣；参与民俗活动，体验传统技艺，促进民俗文化和传统技艺的传承。文旅融合还能推动文化创新，将现代元素与传统文化相结合，开发出具有时代特色的文化旅游产品，如文化创意产品、沉浸式文化体验项目等，为传统文化注入新的活力，使其在现代社会中焕发出新的生机。

（三）满足人民美好生活需要

随着人们生活水平的提高，对旅游产品和服务的需求日益多样化和个性化，更加注重精神层面的体验。传统村落文旅融合高质量发展能够提供丰富多样的文化旅游产品，满足人民美好生活需要。游客在传统村落中，可以远离城市的喧嚣，感受大自然的宁静与美丽，体验乡村生活的质朴与纯真，放松身心，享受文化与自然的双重滋养；还可以参与民俗活动、品尝特色美食、欣赏传统艺术表演等，以便深入了解当地的文化特色，丰富精神世界，提升生活品质。文旅融合高质量发展还能促进旅游服务质量的提升，为游客提供更加优质、便捷、个性化的服务，增强游客的满意度和幸福感。

三、传统村落文旅融合高质量发展面临的问题

（一）文旅融合治理机制不完善

传统村落文旅融合治理涉及环境、资源等多个复杂领域，目前尚未形成统一的认识和完善的体制机制。

一方面，治理主体较为单一。政府在文旅融合中往往占据主导地位，企业和村民的参与度相对较低。政府在决策过程中，可能未能充分考虑企业和村民的利益与需求，导致各方在文旅融合治理中的角色和职责模糊不清。例如，在一些传统村落的开发中，政府单方面制定发展规划，企业只是被动参与项目建设，村民对文旅融合的了解和参与途径有限，使得治理效果大打折扣。这种局面不仅降低了治理效率，还容易引发各方矛盾，影响传统村落文旅融合的可持续发展。

另一方面，文旅融合治理的政策法规体系尚不健全。现有的政策法规大多缺乏针对性和可操作性，难以有效指导和规范文旅融合的发展。一些传统

村落缺乏明确的保护和开发政策，在文旅项目建设中，对于建筑风格、文化传承等方面没有具体的规范标准，导致部分项目建设随意性大，破坏了传统村落的原有风貌和文化特色。在文旅产业监管方面，缺乏完善的法律法规，使得一些不良商家有机可乘，出现过度商业化、破坏生态环境等问题，严重影响了传统村落文旅融合的健康发展。

（二）文旅融合发展服务设施不完备

文旅融合发展需要文化产业、旅游产业及相关要素的深度渗透与整合，但在当前传统村落文旅融合发展中，相关要素投入明显不足，旅游公共服务和公共文化服务难以协同推进，制约了文旅融合的进程。

在旅游公共服务设施建设和改造过程中，普遍存在缺乏文化内涵和地方特色元素融入的问题。许多传统村落的旅游设施过于现代化和商业化，如统一的连锁酒店、千篇一律的旅游纪念品商店等，这些设施与传统村落的历史文化和民俗风情格格不入。游客来到传统村落，期望感受独特的乡村文化和生活氛围，但这些缺乏特色的旅游设施无法满足他们对文化体验和情感共鸣的需求。例如，一些传统村落为了追求经济效益，在古街中大量引入现代商业品牌，破坏了古街原有的古朴氛围，使游客难以感受到传统村落的独特魅力。

传统村落的公共文化服务设施也存在不足。例如，文化场馆建设滞后，文化活动形式单一，无法充分展示传统村落的文化底蕴。

另外，旅游公共服务设施与公共文化服务设施之间缺乏有效衔接，导致游客在旅游过程中难以获得全面的文化体验，影响了传统村落文旅融合的质量和效果。

（三）文旅产品更新迭代不及时

传统村落文旅融合要求对文化产业链和旅游产业链进行重组，构建新的文化旅游产业链。但在实际的文旅产品开发中，对传统村落特色资源的深入挖掘和创意转化严重不足。许多传统村落的文旅产品同质化现象严重，缺乏独特的主题和鲜明的特色，产品定位模糊，无法满足游客日益多样化和个性化的需求。

在一些江南水乡传统村落中，文旅产品大多以水乡风光游览、传统建筑参观为主，产品形式相似，缺乏创新性和差异化。游客在不同的水乡村落旅游时，体验到的内容几乎相同，难以留下深刻印象。这不仅降低了游客的旅游兴趣，也限制了传统村落文旅产业的发展。

对文旅产业的规划引领不足，导致文旅产品更新迭代缓慢。部分传统村落过于注重短期经济效益，忽视了文旅产品的长期发展和品牌建设。在开发过程中，缺乏对市场需求的深入调研和分析，盲目跟风开发一些热门旅游项目，而不考虑自身的文化特色和资源优势。这种重量轻质的开发模式，使得文旅产品质量参差不齐，难以形成具有市场竞争力的品牌。一些传统村落虽然拥有丰富的历史文化资源，但由于缺乏科学规划，文旅产品未能充分展现其文化内涵，无法吸引游客的持续关注，严重制约了传统村落文旅融合的高质量发展。

四、传统村落文旅融合高质量发展的完善措施

（一）完善体制机制，优化治理环境

完善的体制机制是传统村落文旅融合高质量发展的重要保障。政府应发挥引领作用，完善顶层设计，制定有利于文旅融合发展的政策法规，如土地政策、财政政策、税收政策等，为文旅项目提供用地保障、资金支持和税收优惠，鼓励社会资本投入传统村落的文旅开发。加强对文旅市场的监管，建立健全市场准入和退出机制，规范市场秩序，打击违法违规经营行为，保障消费者权益。例如，通过建立严格的文旅项目审批制度，对项目的规划、建设和运营进行全程监管，确保项目符合传统村落的保护要求和发展规划。

旅游企业应积极参与文旅项目的投资、开发和运营，注重创新性和可持续性。深入挖掘传统村落的文化内涵，结合市场需求，开发具有特色的文旅产品，如文化体验、民俗风情、生态旅游等。加强企业管理，提升旅游产品的品质和服务水平，树立良好的企业形象。例如，一些旅游企业与当地村民合作，开发民俗文化体验项目，让游客深入了解当地的传统文化，既丰富旅游产品的内涵，又带动村民增收。

地方居民是传统村落文旅融合发展的直接受益者和关键参与者。政府和企业应充分尊重居民的意愿和利益，建立合理的利益联结机制。通过产业合作、就业扶持等方式，让居民从文旅发展中获得实实在在的收益。例如，鼓励居民参与旅游服务行业，开设农家乐、民宿等，增加收入来源；引导居民

参与传统手工艺品制作，将手工艺品作为旅游纪念品销售，既传承了传统技艺，又促进了经济发展。建立完善的沟通机制和合作平台，政府搭建文旅融合发展协调平台，加强部门间的信息共享和协作配合；企业积极参与行业协会和商会，加强行业自律和交流合作；居民通过村民委员会等组织，表达自己的诉求和建议，参与文旅项目的决策和实施，共同推动传统村落文旅融合发展。

（二）创新文旅融合业态，丰富文旅融合内涵

创新是文旅融合高质量发展的核心驱动力。深入挖掘文化产业和旅游产业价值链的契合点与融合点，依托传统村落丰富的历史文化资源和自然景观，开发特色旅游产品。例如，利用传统村落的古建筑、历史遗迹等开发历史文化主题游，通过举办传统仪式、民俗表演等，让游客亲身感受历史文化的魅力；借助独特的民俗文化，开展民俗风情体验游，让游客参与民俗活动，学习传统手工艺，品尝特色美食，深入体验当地的民俗文化。

利用现代科技手段，如虚拟现实、增强现实、人工智能等技术，提升旅游产品的互动性和趣味性。打造虚拟的传统村落游览体验，让游客身临其境地感受传统村落的历史变迁和文化特色；通过增强现实技术，在现实场景中展示传统村落的历史文化信息，增强游客的参与感和体验感。注重旅游产品的品牌化建设，挖掘传统村落的独特文化元素，打造具有地方特色的文旅品牌。加强品牌宣传和推广，提高品牌知名度和美誉度。例如，通过社交媒体、旅游展会等渠道，宣传推广传统村落的文旅品牌，吸引更多游客。

注重文旅融合产业的链条延伸和拓展，以文旅融合为核心，带动手工艺品制作、特色农产品销售、文化创意产业等相关产业的发展，形成完整的文旅产业链，提升传统村落的产业层次和经济效益。例如，一些传统村落通过发展文旅产业，带动当地农产品的销售，使农产品附加值大幅提升，同时也促进手工艺品制作等传统产业的复兴。

（三）实现文旅融合发展成果共建共享

传统村落文旅融合高质量发展的目标不仅是提升经济效益，更要增进民生福祉。坚持旅游标准化建设，建立和完善旅游诚信体系，全面提升旅游服务的质量和水平。加强旅游交通、餐饮住宿、康养娱乐等基础设施的建设和管理，改善传统村落的交通条件，提高道路的通达性和舒适性；提升餐饮住

宿的品质，规范服务标准，为游客提供安全、卫生、舒适的就餐和住宿环境；加强康养娱乐设施建设，丰富旅游产品的业态，满足不同游客的需求；加强旅游从业人员的培训和教育，通过定期举办培训班、开展技能竞赛等方式，提高从业人员的服务意识和专业技能，为游客提供优质、高效的服务。

　　建立完善的利益联结机制，实现旅游发展成果的共建共享。通过产业联结，引导村民参与文旅产业发展，如发展农家乐、民宿、手工艺品制作等，让村民从文旅产业发展中获得稳定的收入。通过就业联结，为村民提供更多的就业机会，如景区服务、导游讲解、旅游产品销售等岗位，吸纳村民就业。政府和企业应积极为村民提供创业支持，如提供小额贷款、创业培训等，鼓励村民自主创业，参与文旅产业发展。

　　加强对村民的旅游教育和培训，提高他们的旅游意识和文明素质。通过举办旅游知识讲座、开展文明旅游宣传活动等方式，让村民了解旅游发展的重要性，掌握基本的旅游服务知识和技能，增强文明意识和环保意识，使村民成为文旅融合发展的积极参与者和推动者，形成文旅融合发展的良好氛围和强大合力，共同推动传统村落的文旅融合高质量发展，让传统村落在新时代焕发出新的生机与活力。

第四章　传统村落创新发展的 多维视角探析

传统村落的创新发展应在保留村落的历史文化价值的同时，融入现代元素，提升其活力和可持续性。随着大数据、人工智能技术的不断发展，传统村落的发展也开始向数字化、艺术化、智慧化发展。数字博物馆让传统村落走进数字化平台，艺术家的参与让传统村落更具艺术性，智慧化保护则让传统村落得以永久保存。

第一节　传统村落数字博物馆的发展

传统村落数字博物馆的建馆热潮是互联网技术日渐成熟背景下的大趋势，不仅可以配合村落中实体的博物馆最大限度发挥科普教育宣传的作用，而且可通过虚拟现实、大数据、互联网技术、人工智能等技术，使用户身临其境地感受到各个地区各具特色的乡村风情。

一、传统村落数字博物馆的兴起与发展

数字博物馆这一理念兴起于 20 世纪 90 年代，由美国推出的"美国记忆"系列受到业界的广泛好评。在此之后，各国的数字博物馆项目发展迅速。在创建数字博物馆的初期，我国将重点放在对现有线下博物馆的改造和升级上，通过信息技术采集、加工、整理信息，使馆藏内容更加丰富，也使其呈现方式更加全面和富有科技感，如敦煌莫高窟数字展示中心项目、故宫博物院"全景故宫"项目等。一些博物馆构建起多元化和智能化相结合的数字化资源库。

2017 年，《关于实施中华优秀传统文化传承发展工程的意见》提出要保

护传承文化遗产，加强历史文化名城名镇名村、历史文化街区、名人故居保护和城市特色风貌管理，实施中国传统村落保护工程。

2018年，乡村振兴战略被提出。2018年4月，中国传统村落数字博物馆正式上线。该数字博物馆将村落知识分为村落概况、自然地理、选址格局、传统建筑、历史环境要素、生产生活、民俗文化、村志族谱、交通导览九部分，以村落为单位，在知识构架方面主要展示了村落相关的图文视频信息，是中国第一个百科式、全景式传统村落展示的数字化平台，也是传统村落学术资源的交流平台。

2019年，台州市仙居县将全域内39个受保护村落建立了线上数字博物馆，融合建筑信息可视化等先进技术，使人们能在线上全方位地了解村落的概况。

2020年，更多村落数字博物馆出现，对数字博物馆的用户使用体验与功能设计提出了更高的要求。

2021年，国家确定本次国际博物馆日的主题为"博物馆的未来：恢复与重塑"，旨在引导人们重视博物馆陈展形式与内容的革新，积极地应对当前博物馆发展的新趋势。可见，在文化领域，人们更加重视数字化的传播方式，这也将为数字文创等新兴产业的发展提供新的契机。

近两年，文旅产业热度攀升，博物馆与游轮合作推出主题文物展览并植入游船项目渐成趋势。2024年7月，上海博物馆与悦星文旅合作推出"上博号"游轮"从尼罗河到黄浦江"古埃及主题航班，打造沉浸式文旅新名片。同年9月，重庆江北区图书馆、重庆中国三峡博物馆、宜昌博物馆等机构与"世纪远航"号游轮联动，以游轮为载体，融合图书、三峡文物及三峡风光，构建多维度文旅融合体验模式。未来，游轮上的"移动博物馆"将依托数字化技术，以文旅思维、景点规划和游客需求为基础，融入地域文化特色，打造江河海上移动的"文化之舟"，为游客提供全景式看展休闲体验，契合文旅融合创新理念及游客深度文化体验需求。

数字博物馆制作模式正由零散向连片转变，2023年是传统村落集中连片保护发展地区数字博物馆化的重要一年，众多连片地区上线"中国传统村落数字博物馆"，并构建不同层级的数字博物馆体系，为后续工作提供指导。2024年8月，芒果数智推出的"山海"APP，打破传统博物馆空间限制，汇聚海量数字馆藏，用户可360度观察文物细节，借助人工智能互动功能，文物仿佛"开口说话"，呈现其背后的历史文化信息，体现数字化时代文化传播的新趋势。

二、传统村落数字博物馆的理论缘起

数字孪生理论：数字孪生理论主张通过数字化手段对物理实体进行精确模拟和再现。在传统村落的保护与发展中，数字孪生村落的构建可以实现对传统村落全要素的精确模拟与再现，为传统村落的全面保护、活态传承和可持续发展提供技术支持。这一理论为传统村落的数字化发展提供了核心技术支撑，推动传统村落走向智慧化。

艺术介入理论：艺术介入理论主张通过艺术的方式参与和推动社会空间的改造和发展。在传统村落保护中，艺术介入可以改变村落衰败面貌、增加融资渠道、注入新的资源、重塑村落业态和社会关系。该理论为传统村落的保护和发展提供了新的思路和方法，丰富了传统村落的发展模式。

博物馆学理论：博物馆学理论研究博物馆的功能、运营和发展。传统村落数字博物馆的建设借鉴了博物馆学的理念和方法，如藏品管理、展示设计、教育推广等。通过建设数字博物馆，可以更好地展示和传播传统村落的文化遗产，发挥博物馆的科普教育和文化传承功能。

三、传统村落数字博物馆的建设目标及标准

在数字化时代浪潮下，传统村落数字博物馆的建设承载着特殊的历史使命与文化责任，其建设目标和标准的确立至关重要。

（一）传统村落数字博物馆的建设目标

文化遗产保护与传承：传统村落作为物质文化遗产与非物质文化遗产的综合体，是民族文化基因的重要载体。从文化遗产保护理论来看，数字化技术能够突破时间和空间的限制，对传统村落的建筑、民俗、技艺等进行全方位、永久性的记录。例如，通过三维激光扫描技术精确记录传统建筑的结构与装饰细节，运用影像记录非遗传承人的表演和制作过程，使得这些珍贵的文化遗产能够在数字空间中得以永存，为子孙后代保留文化记忆，实现文化传承的延续性。

促进文化传播与交流：基于传播学理论，数字博物馆为传统村落文化搭

建了一个面向全球的传播平台。通过互联网，世界各地的人可以便捷地访问传统村落数字博物馆，了解不同地域的传统村落文化。这种跨地域、跨文化的传播交流，不仅能够提升传统村落文化的知名度和影响力，还有助于不同文化之间的相互理解与融合，促进文化多样性的发展。同时，数字博物馆还可以通过社交媒体等渠道，鼓励用户分享和讨论，形成互动式的传播模式，进一步扩大文化传播的范围和效果。

助力乡村振兴与发展：根据乡村发展理念，传统村落数字博物馆的建设可以成为乡村振兴的重要驱动力。一方面，通过展示传统村落的独特魅力，吸引游客前来观光旅游，带动乡村旅游业的发展，增加村民收入。另一方面，数字博物馆可以为乡村特色产业提供宣传推广平台，促进农产品、手工艺品等的销售。数字博物馆的建设还可以吸引人才回流，激发村民对本土文化的认同感和自豪感，促进乡村文化的繁荣发展，为乡村振兴提供精神动力和智力支持。

（二）传统村落数字博物馆的建设标准

传统村落数字博物馆的建设标准体现在以下三方面，如图 4-1 所示。

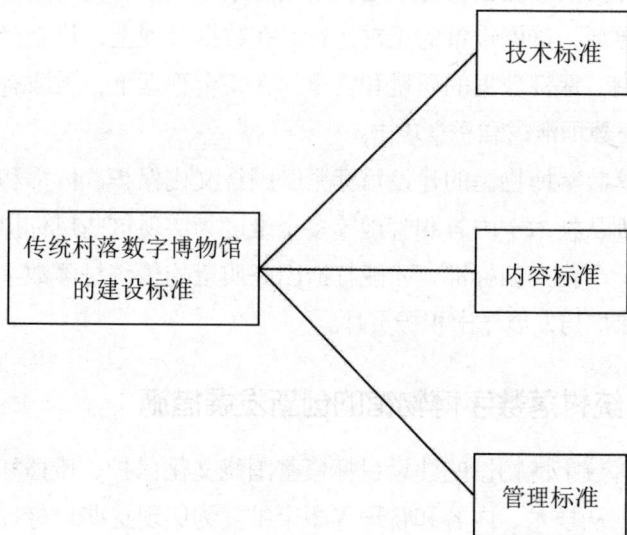

图 4-1　传统村落数字博物馆的建设标准

技术标准：在技术层面，需要遵循一系列严格的标准。在数据采集方面，要确保采集设备的精度和稳定性，保证采集的数据准确、完整。例如，在对传统建筑进行三维建模时，要使用高精度的激光扫描仪和专业的摄影设备，获取建筑的详细信息。在数据存储方面，采用可靠的存储技术和备份策略，确保数据的安全性和持久性。建立统一的数据格式和标准，以便于数据的管理和共享。在技术展示上，运用先进的虚拟现实、增强现实和多媒体技术，为用户提供沉浸式的体验。

内容标准：内容的完整性和准确性是数字博物馆建设的关键。内容应涵盖传统村落的历史沿革、地理环境、建筑特色、民俗文化、传统技艺等各个方面。在资料收集过程中，要进行深入的田野调查和文献研究，确保内容的真实性和可靠性。对收集到的资料进行系统整理和分类，建立科学的知识体系。例如，按照物质文化遗产和非物质文化遗产的分类标准，对传统村落的文化资源进行分类展示，方便用户查询和了解。此外，内容的更新和维护也至关重要，要及时跟进传统村落的发展变化，补充新的信息和资料。

管理标准：完善的管理标准是数字博物馆持续运行和发展的保障。建立健全的管理制度，包括人员管理、设备管理、数据管理、安全管理等方面。在人员管理上，培养和引进专业的技术人才、文化研究人才和管理人才，提高团队的整体素质。在设备管理上，定期对采集设备、存储设备和展示设备进行维护和更新，确保设备的正常运行。在数据管理上，建立严格的数据审核和授权机制，保证数据的质量和安全。在安全管理上，采取有效的网络安全措施，防止数据泄露和恶意攻击。

传统村落数字博物馆的建设目标紧密围绕文化保护、传播和乡村发展，而建设标准则从技术、内容和管理等多个维度为实现这些目标提供保障。只有明确目标，严格遵循标准，才能打造出高质量的传统村落数字博物馆，为传统村落的保护与发展作出积极贡献。

四、传统村落数字博物馆的创新发展措施

传统村落数字博物馆的建设目标紧密围绕文化保护、传播和乡村发展，而建设标准则从技术、内容和管理等多个维度为实现这些目标提供保障。明确的目标和严格的标准，是传统村落数字博物馆稳健发展的基石。然而，在数字化时代浪潮下，仅仅确立目标和标准是不够的，如何在实际运营中不断创新发展，以更好地达成这些目标，符合既定标准，成为摆在传统村落面前的重要课题。接下来，笔者将深入探讨传统村落数字博物馆的创新发展措施。

（一）技术创新与应用深化

技术创新是推动传统村落数字博物馆发展的核心动力。在信息传播理论中，传播速度和信息承载量是影响传播效果的关键因素。5G技术的高速率、低延迟特性，结合云计算强大的存储与计算能力，以及边缘计算在本地处理数据的优势，能够确保博物馆内容实现实时更新，打破时间和空间的限制，让全球用户都能及时获取传统村落的最新信息，极大地拓展了文化传播的范围和时效性。

人工智能技术的图像识别与语音交互功能，为用户体验带来质的飞跃。根据认知心理学理论，多感官的信息获取方式有助于提高用户对信息的理解和记忆。通过图像识别技术，系统可以智能识别传统村落中的各类文化元素，如建筑风格、服饰图案、手工艺品等，并自动关联相关知识；语音交互技术则为用户提供更加便捷、自然的导览和知识问答服务，增强了用户与数字博物馆之间的互动性，使文化传播从单向灌输转变为双向交流。

虚拟现实、增强现实和混合现实技术的融合应用，为用户构建了沉浸式的体验场景。从沉浸理论的角度来看，这种沉浸式体验能够让用户全身心地投入虚拟的传统村落环境中，仿佛"身临其境"地漫步在古老的街巷，走进传统建筑内部，感受村落的生活气息和历史氛围。增强现实技术通过扫描现实场景，叠加虚拟信息，进一步增强了用户对现实场景中文化元素的理解和记忆，实现了虚拟与现实的有机融合，为文化传播创造了全新的模式。

（二）内容挖掘与展示创新

深入挖掘传统村落的文化内涵是数字博物馆建设的基础。传统村落作为地域文化的重要载体，蕴含着丰富的民俗、技艺、传说等非物质文化遗产以及独特的物质文化遗产。组建由历史学、民俗学、建筑学等多学科专业人员构成的团队开展田野调查，是获取这些珍贵文化资源的有效途径。这一过程遵循文化人类学的田野调查方法，通过实地观察、访谈、参与体验等方式，全面、深入地收集资料，建立起传统村落的文化基因库。这不仅为数字博物馆的展示提供丰富素材，也为后续的学术研究奠定坚实基础。

在展示方式上，运用多媒体叙事理论，结合动画、纪录片、互动游戏等多种形式讲述村落故事，能够吸引不同年龄段和兴趣爱好的用户。例如，通过制作精美的动画短片，生动形象地展示传统村落的历史变迁；利用纪录片真实记录传统技艺的传承过程；设计互动游戏，让用户在参与过程中深入了解村落的民俗文化，增强用户的参与感和趣味性。打造线上主题展览，如"传统村落建筑美学"展，以独特的视角聚焦传统村落建筑，从建筑风格、结构特点、装饰艺术等方面进行深入解读，引导用户欣赏和理解传统建筑的美学价值，提升用户的文化审美素养。

（三）运营模式与合作拓展

探索多元化的运营模式是传统村落数字博物馆可持续发展的重要保障。从产业融合理论来看，与文旅企业合作开发数字文旅产品，如数字门票、虚拟旅游套餐等，不仅能够为数字博物馆带来经济收益，还能借助文旅企业的市场渠道和营销经验，提高数字博物馆的知名度和影响力。与教育机构合作开展线上线下研学活动，符合教育传播学的理念，通过将传统村落文化融入教育教学过程，培养青少年对传统文化的兴趣和保护意识，为传统村落文化的传承培养后备人才。

加强区域与国际合作，整合区域传统村落数字资源，打造联合数字博物馆平台，是促进文化交流与传播的重要举措。区域合作能够打破地域限制，实现资源共享和优势互补，形成规模效应。参与国际数字文化项目，分享中国在传统村落数字博物馆建设方面的经验和成果，有助于提升中国文化在国际上的影响力，推动中国传统村落文化走向世界，促进不同文化之间的相互理解和交流。

（四）用户体验优化与互动增强

用户体验是衡量传统村落数字博物馆建设成效的重要标准。根据用户体验理论，通过问卷调查、用户反馈等方式收集用户的需求和意见，能够深入了解用户的期望和痛点。在此基础上，优化界面设计，使其符合简洁美观、操作便捷的原则，提高用户的使用满意度。简洁的界面设计能够减少用户的认知负担，方便用户快速找到所需信息；便捷的操作流程则能够提高用户的使用效率，增强用户的使用意愿。

增强互动功能，搭建社交平台，让用户可以分享自己的参观心得并参与话题讨论，符合社交互动理论。这种社交互动不仅能够增加用户之间的交流和联系，还能形成良好的文化传播氛围，激发用户对传统村落文化的兴趣。设置在线创作功能，鼓励用户创作与传统村落相关的数字作品，如摄影、绘画、文学作品等，能够增强用户的文化认同感和参与感，让用户从文化的被动接受者转变为主动创造者。

（五）人才培养与队伍建设

人才是推动传统村落数字博物馆创新发展的关键因素。加大数字博物馆专业人才培养力度，高校应开设相关专业课程，培养具备数字技术、文化遗产保护、博物馆学等多学科知识的跨学科人才。这一举措符合跨学科教育理念，能够培养学生的综合素养和创新能力，满足数字博物馆建设对复合型人才的需求。开展在职人员培训，提升行业现有人员的素质，有助于推动行业的整体发展。

吸引社会人才参与，招募志愿者，建立专家顾问团队，能够充分调动社会资源，为传统村落数字博物馆的发展提供丰富的智力支持。志愿者的参与不仅能够缓解数字博物馆人力不足的问题，还能传播传统村落文化；专家顾问团队则能够为数字博物馆的建设和发展提供专业的指导和建议，确保数字博物馆的建设质量和发展方向。

第二节　关于艺术介入传统村落保护的思考

一、艺术介入的理论阐述

艺术介入传统村落复兴与保护的理论依据融合多学科理念，从不同维度为其提供坚实支撑，具体如下：

场景理论：场景理论源自都市研究，强调特定空间内人与环境的互动以及社会环境对个体行为的塑造。在传统村落情境中，村落空间是承载文化价值观与人群活动的关键场所。艺术介入可视为对村落场景的重塑，借助艺术活动、作品展示等形式，为村落营造独特氛围，强化人与空间的情感连接。在"碧山计划"里，碧山书局、猪栏酒吧的成功改造，不仅激活了闲置空间，还吸引村民与游客频繁参与，构建起充满活力的公共活动场景，增强了地方认同感与文化凝聚力，推动村落文化传承与经济发展，凸显了场景理论在艺术介入中的重要指引价值^①。

文化生态学理论：该理论着重关注文化与环境之间的相互作用关系。传统村落拥有独特的自然与人文环境，形成稳定的文化生态系统。在艺术介入时，充分考量村落的生态环境与文化特色，能推动文化与环境协调共生。在对一些具有独特自然风光的传统村落进行艺术介入时，可围绕山水景观开展艺术创作，像设置与自然融合的景观装置艺术，在保护生态环境的基础上，挖掘和展现村落的文化内涵，促进文化传承与创新，实现文化生态的平衡发展。

社区参与理论：此理论突出社区居民在社区发展中的主体地位与作用。传统村落作为一个社区，居民是村落文化的传承者与创造者。艺术介入鼓励居民积极参与艺术活动、村落建设，能激发他们的主观能动性和创造力。在"许村计划"和"青田范式"中，村民参与老宅修复、民俗活动策划等，不仅增强了社区凝聚力，还确保艺术介入更贴合村民需求与村落实际，使艺术成果更好地服务于村落发展。

文化资本理论：文化资本理论由法国社会学家皮埃尔·布迪厄提出，涵盖文化物品、文化技能、文化制度等多种形式。传统村落蕴含丰富的文化资本，如古老建筑、传统技艺、民俗风情等。艺术介入能够将这些文化资本转化为经济资本和社会资本。通过开发文化创意产品、举办文化旅游活动，提升村落的经济收益；借助艺术活动的传播，增强村落的社会影响力和文化吸引力，促进文化资本的增值与转化，为村落复兴提供有力支持。

审美教育理论：审美教育旨在培养和提升个体的审美能力与审美素养。艺术介入传统村落，为村民和游客提供丰富的审美体验。艺术作品、艺术活动能引导人们发现和欣赏村落的自然美、建筑美、文化美，提升大众的审美水平。在一些艺术介入项目中，通过开设绘画、音乐等艺术课程，让村民参与艺术创作，培养他们的审美情趣，丰富精神世界，推动村落文化的繁荣发展。

---

① 汪欣. 关于艺术介入传统村落保护实践的几点思考 [J]. 粤海风, 2021, 11（5）：56.

二、艺术介入传统村落保护的作用

艺术家以独特的审美视角和创新思维介入传统村落保护，能够为村落带来新的活力和发展思路。在建筑改造方面，艺术家可以对传统建筑进行保护性修复和创新性改造，使其既保留原有的历史风貌，又满足现代生活的需求。例如，将废弃的古民居改造为艺术工作室、民宿、文化展示空间等，不仅提升建筑的使用价值，还赋予了其新的文化内涵。在景观设计方面，艺术家可以运用艺术手法对村落的公共空间、街巷、庭院等进行美化和优化，打造具有艺术氛围的乡村景观。通过绘制壁画、设置雕塑、营造花园等方式，提升村落的整体形象和艺术品质，增强村落的吸引力。

艺术介入能够挖掘和传承传统村落的非物质文化遗产，使其在现代社会中焕发出新的生机。艺术家可以与当地村民合作，对民间表演艺术、手工技艺等进行整理、创新和展示。将传统戏曲与现代音乐元素相结合，创作出具有时代特色的戏曲作品；对传统手工技艺进行改良和创新，开发出符合现代审美和市场需求的手工艺品。通过举办各类文化活动，如民俗节、艺术节等，为非物质文化遗产的传承和展示提供平台，吸引更多人关注和参与，促进传统文化的传承和发展。

艺术介入传统村落保护能够促进村落经济的发展，实现文化与经济的良性互动。通过发展文化创意产业，将传统村落的文化资源转化为经济优势。开发具有地方特色的文化创意产品，如文创饰品、文化纪念品等，提高农产品的附加值；打造乡村文化旅游品牌，吸引游客前来观光、体验，带动餐饮、住宿、交通等相关产业的发展。据研究表明，艺术介入后的传统村落，旅游收入平均增长 20% ～ 50%。通过艺术与产业的融合，为传统村落的可持续发展提供经济支撑。

三、艺术介入传统村落保护面临的问题

在艺术介入传统村落保护的过程中，外来文化与本土文化的冲突时有发生。艺术家带来的现代艺术观念和创作方式，可能与传统村落的本土文化产生碰撞。一些艺术作品或改造项目可能过于追求现代感和创新性，忽视了村落的历史文化背景和村民的生活习惯，导致村民对艺术介入的不理解和不接受。同时，外来文化的过度介入也可能侵蚀本土文化的特色和根基，使传统村落失去原有的文化魅力。

传统村落中的乡土建筑是艺术介入的重要对象，但在修复和改造过程中面临诸多困难。一方面，乡土建筑的修复需要专业的技术和知识，而目前相关专业人才短缺，导致修复工作质量参差不齐。另一方面，修复资金的缺乏也是制约乡土建筑保护的重要因素。许多传统村落经济落后，难以承担高昂的修复费用，导致大量乡土建筑因缺乏维护而破损坍塌。

艺术介入传统村落保护需要村民的积极参与和支持，但在实际操作中，村民的参与度往往不高。一方面，村民对艺术介入的意义和价值认识不足，缺乏参与的主动性和积极性。另一方面，在艺术介入项目的策划和实施过程中，可能缺乏与村民的有效沟通和互动，导致村民对项目不了解、不信任，无法真正参与到项目中来。这种村民参与度不高的情况，不仅影响了艺术介入的效果，也不利于传统村落的可持续发展。

四、艺术介入传统村落保护的完善措施

艺术介入作为传统村落保护与发展的重要手段，在实践中已取得一定成效，但也面临诸多挑战。为更好地发挥艺术介入在传统村落保护中的作用，实现传统村落的可持续发展，需从多维度探讨其完善措施。

（一）强化文化融合，秉持文化敏感性策略

在艺术介入传统村落保护的进程中，文化敏感性策略占据核心地位。传统村落作为地域文化的关键载体，蕴含着丰富的历史记忆、民俗风情、传统信仰等文化内涵。从文化生态学理论视角来看，文化与所处环境相互依存、相互影响，形成一个有机整体。艺术介入时，若忽视文化敏感性，极易引发文化冲突，破坏村落原有的文化生态平衡。

艺术家与项目实施者应深入开展田野调查，运用历史学、民俗学等多学科研究方法，全面挖掘村落的文化元素。以云南某传统村落为例，当地艺术家深入研究村落的民族图腾与传说故事后，将其巧妙融入公共艺术作品创作中。这些作品不仅在艺术形式上独具特色，更重要的是承载了本土文化，增强了村民对自身文化的认同感和自豪感，使艺术真正成为传承和弘扬本土文化的有效媒介。

（二）注重可持续发展，构建长效保障机制

传统村落的保护与发展是一项长期而艰巨的任务，艺术介入项目必须建

立长效机制，以确保其可持续性。基于景观生态学理论，传统村落是一个包含自然景观、人文景观、社会经济等多要素的复杂生态系统，艺术介入应致力于维护和优化这一系统的稳定性与可持续性。

在项目实施前期，需运用科学的规划方法，合理评估资源承载能力，制定详细的资源利用方案。例如，浙江某村落的艺术介入项目，在发展文化旅游时，借助环境科学的研究方法，精确测定村落的环境容量，制定严格的游客数量控制标准，有效避免了过度开发对生态环境的破坏。项目完成后，建立完善的后续维护与管理机制至关重要。这包括对艺术设施的定期维护、文化活动的持续组织以及对村落生态环境的动态监测，从而保障艺术成果能够持续为村落发展提供动力，实现艺术介入与村落发展的长期良性互动。

（三）推动协同共享，整合各方利益资源

协同共享策略旨在促进艺术介入项目与村落各方利益主体的深度融合，实现共同发展。协同理论认为，系统内各要素之间通过相互协作、优势互补，能够产生超出个体之和的整体效应，即"1+1＞2"。在传统村落保护中，政府、艺术家、村民、企业等都是不可或缺的利益主体，各自具备独特的资源和优势。

政府拥有政策制定和资源调配的权力，可通过出台优惠政策、提供资金扶持等方式，为艺术介入项目创造良好的政策环境和资金支持；艺术家凭借专业技术和创新思维，为项目注入创意和艺术价值；村民作为村落的主人，熟悉本地情况，能够为项目提供本土知识和劳动力；企业具备市场运营和推广的能力，有助于将艺术成果转化为经济效益。以某村落的艺术工坊项目为例，各方紧密合作，形成从创意设计、生产制作到市场推广与销售的完整产业链。这种协同共享模式不仅提高了村民的经济收入，还增强了村落的凝聚力和向心力，有力地推动传统村落的发展。

（四）聚焦人的因素，强化专业团队与政策支持

在艺术介入传统村落保护的过程中，人的因素起着决定性作用。组建一支专业且多元的工作小组是项目成功的关键。这个小组应汇聚艺术家、学者、政策制定者、文化遗产保护专家等不同领域的专业人才，形成多学科交叉的团队结构。艺术家负责艺术创作，为村落带来独特的艺术魅力；学者运用专业知识对村落文化进行深入研究和梳理，为艺术创作提供文化支撑；政策制

定者制定合理的政策，保障项目的顺利实施；文化遗产保护专家确保艺术介入过程中对文化遗产的妥善保护。

制定科学合理的政策和激励机制是吸引各方参与的重要保障。政府可通过税收优惠、资金奖励、项目补贴等方式，鼓励社会力量参与传统村落的艺术保护项目。建立完善的项目评估体系，运用科学的评估方法，定期对艺术介入项目进行全面评估。根据评估结果及时调整策略和方案，确保项目始终朝着预期目标推进，从而实现传统村落文化传承与经济发展的双赢局面，为乡村振兴战略的实施提供坚实支撑。

第三节 数字孪生村落的全要素智慧营建

一、数字孪生技术的发展依据

（一）数字孪生技术的理论依据

数字孪生技术的发展依托多学科的理论支撑，这些理论相互交织，为其提供坚实的基础。在信息科学领域，数据挖掘与分析理论至关重要。随着数据量呈指数级增长，如何从海量数据中提取有价值的信息成为关键。关联规则挖掘算法、聚类分析等技术手段，使得数字孪生技术在构建虚拟模型时，能够精准地从物理实体相关数据中发现潜在模式与规律，进而为模型的精确构建和优化提供依据。例如，在制造业中，通过对生产设备运行数据的挖掘分析，可以找出设备故障的潜在关联因素，提前预测故障发生，这正是数字孪生技术实现设备故障预测与诊断仿真的重要理论支撑。

系统建模与仿真理论着重强调从整体视角出发，对系统的结构、行为和功能展开全面且深入的建模与仿真工作。数字孪生技术巧妙地借鉴了这一理论精髓，将物理实体视作一个复杂而有机的系统，通过构建多维度、精细化的模型，致力于逼真地模拟其在多样化条件下的运行状态。以城市交通系统这一典型的复杂系统为例，数字孪生模型充分整合道路网络的拓扑结构、车辆实时运行轨迹、交通信号的动态变化等多方面关键信息，运用先进的算法和模型，对交通流量的时空变化进行精确模拟。这一模拟结果能够为交通规划者和管理者提供极具价值的决策支持，助力其制定更为科学合理的交通疏导策略、优化交通设施布局，从而有效提升城市交通系统的整体运行效率。

控制论中的反馈控制原理同样深度融入数字孪生技术的架构之中，反馈控制原理的核心在于依据系统的输出结果灵活调整输入，以此达成预期目标。在数字孪生系统里，虚拟模型与物理实体之间所实现的实时、双向的数据交互，正是反馈控制原理的生动体现。虚拟模型能够依据物理实体源源不断地传输而来的实时数据，迅速且精准地调整自身状态，使其始终紧密贴合物理实体的实际情况。虚拟模型经过深度分析和预测所生成的结果，又会及时反馈至物理实体的管理决策端，为管理者提供决策依据，进而实现对物理实体的精准控制与持续优化。例如，在智能工厂环境下，通过数字孪生技术对生产流程进行实时监测与模拟，依据虚拟模型反馈的信息及时调整生产参数和资源配置，能够显著提高生产效率、降低生产成本，推动智能制造水平迈向新的高度。

（二）数字孪生技术的技术特征

在科技迅猛发展的当今时代，数字孪生技术以其一系列独特的技术特性，突破了虚拟与现实之间的界限。例如，精准映射，使物理实体在虚拟空间中得以精确复刻；模拟仿真，能够对未来发展趋势进行前瞻性预判；虚实交互，达成虚拟与现实的无缝衔接；智能干预，赋予系统智能化决策的能力。

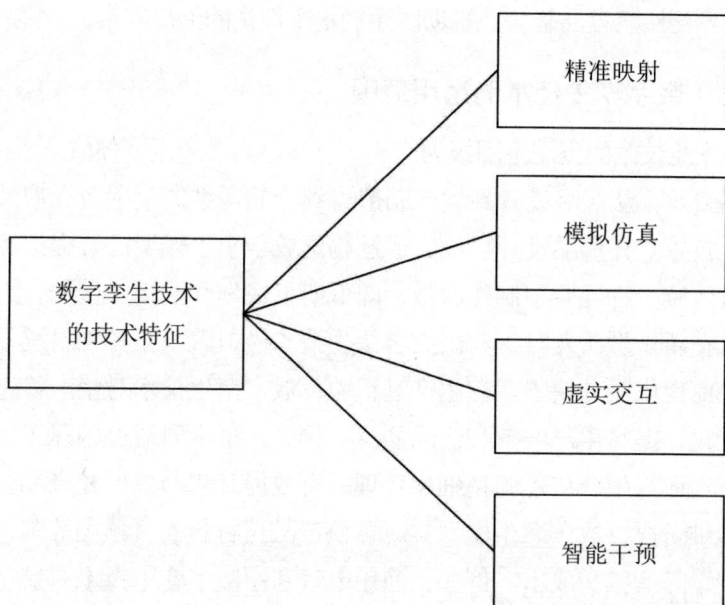

图 4-2　数字孪生技术的技术特征

精准映射：通过先进的传感器技术和数据采集手段，数字孪生技术能够获取物理实体全方位、高精度的数据，从而在虚拟空间中构建出与物理实体高度相似的虚拟模型，实现物理实体与虚拟模型的精准映射。在航空航天领域，对飞行器的数字孪生模型进行构建，能够精确反映飞行器的结构、性能以及各部件的实时状态，为飞行器的设计优化、故障诊断和维护提供有力支持。

模拟仿真：借助数值模拟、虚拟现实等技术，数字孪生模型可以对物理实体的运行过程、未来发展趋势以及在不同条件下的响应进行模拟仿真。在建筑领域，在建筑物的设计阶段，利用数字孪生模型模拟不同气候条件下建筑的能源消耗情况，有助于优化建筑设计，提高能源利用效率。

虚实交互：通过物联网、增强现实等技术，数字孪生技术实现了虚拟模型与物理实体之间的双向数据传输和交互。操作人员可以在虚拟环境中对模型进行操作和调整，其结果实时反馈到物理实体；反之，物理实体的状态变化也能即时反映在虚拟模型中。例如，在智能仓储系统中，工作人员可通过虚拟界面操作数字孪生模型，实现对实际仓库货物存储和搬运的高效管理。

智能干预：结合人工智能、机器学习算法，数字孪生模型能够对采集到的数据进行深度分析和预测，为物理实体提供智能决策建议，实现对物理实体的智能干预。在医疗领域，数字孪生技术可以根据患者的生理数据构建健康模型，预测疾病发展趋势，辅助医生制定个性化的治疗方案。

（三）数字孪生技术的运用范围

数字孪生技术的应用范围极为广泛，已渗透到多个重要领域。

在制造业，从产品设计到生产制造再到产品运维的全生命周期都离不开数字孪生技术。在产品设计阶段，通过构建数字孪生模型进行虚拟测试和优化，可有效减少物理原型制作次数，降低研发成本和周期。例如，汽车制造企业可以在新车型研发时，利用数字孪生技术模拟汽车在各种路况下的行驶性能，提前优化设计缺陷。在生产过程中，数字孪生技术对生产线进行实时监控和优化，提高生产效率和产品质量。例如，富士康通过构建工厂数字孪生模型，实现对生产流程的精细化管理，有效提升生产效率和产品合格率。在产品运维阶段，数字孪生模型实时监测产品运行状态，预测故障，实现预防性维护，降低维护成本。例如，通用电气利用数字孪生技术对航空发动机进行实时监测和故障预测，提高了发动机的可靠性和安全性。

在城市管理领域，数字孪生技术助力打造智慧城市。通过整合城市的地理信息、交通、能源、环境等多源数据，构建城市数字孪生模型，实现对城市运行状态的实时感知和智能管理。在交通管理方面，利用数字孪生技术模拟交通流量，优化交通信号灯配时，缓解交通拥堵；在能源管理方面，监测城市能源消耗情况，优化能源分配，提高能源利用效率；在环境监测方面，实时掌握城市空气质量、水质等环境指标，及时发现和处理环境污染问题。

在医疗卫生领域，数字孪生技术也发挥着重要作用。一方面，可构建人体数字孪生模型，辅助医生进行疾病诊断和治疗方案制定。例如，通过对患者心脏的数字孪生模型进行分析，医生可以更直观地了解心脏的结构和功能异常，制定更精准的治疗方案。另一方面，在医疗设备管理方面，数字孪生技术对医疗设备进行实时监测和维护，确保设备的正常运行，提高医疗服务质量。

在文化遗产保护领域，数字孪生技术为传统村落、古建筑等文化遗产的保护和传承提供新的手段。通过对文化遗产进行数字化建模和仿真，能够实现对其历史风貌的再现和保护。例如，利用数字孪生技术对敦煌莫高窟进行数字化保护，不仅可以永久保存莫高窟的珍贵信息，还能通过虚拟展示让更多人了解其文化价值。

二、数字孪生技术对传统村落保护与发展的积极影响

（一）促进传统村落的全面保护与活态传承

传统村落作为人类农耕文明的重要载体，蕴含着丰富的物质与非物质文化遗产。在现代化进程中，传统村落面临着诸多挑战，如建筑老化、文化传承断裂等。数字孪生技术为传统村落的保护与传承带来新的机遇。

依据文化遗产保护理论，传统村落的物质文化遗产包括建筑、历史环境要素等，非物质文化遗产涵盖传统技艺、民俗文化等。数字孪生技术可以依托新型测绘技术，对传统村落的全要素进行量化测绘，构建起包含建筑结构、历史沿革、文化特色等多维度信息的大数据库。例如，通过高精度的三维激光扫描技术，可以精确获取传统建筑的几何形态和结构信息，为建筑的保护与修复提供准确依据。

在此基础上，结合数字孪生技术建构村落遗产要素的数字孪生体，能够

重构和再现传统村落遗产的重要场景与过程。以某水乡古镇为例，利用数字孪生技术，将古镇的河道、桥梁、古建筑以及传统的水乡民俗活动等进行数字化建模，通过虚拟现实、增强现实等技术手段，让游客可以身临其境地感受古镇的历史风貌和文化氛围，促进传统村落的全面保护与活态传承。这种数字化的呈现方式不仅能够吸引更多人关注传统村落，还能让年轻一代更好地了解和传承本土文化。

（二）助力实现精准监管与准确评估

传统村落的保护与发展需要科学的监管与评估机制。数字孪生技术基于物联网构建实时感知的传统村落与文化遗产健康状况监管系统，能够实时、精准地监测传统村落遗产的实况数据。根据环境监测与数据分析理论，通过在传统村落中部署各类传感器，如温湿度传感器、位移传感器、空气质量传感器等，可以实时采集建筑的保存状况、环境变化等数据，并将这些数据传输至大数据平台进行分析处理。

借助大数据分析技术，管理部门可以实现对传统村落的精准监管与准确评估。例如，通过对建筑位移数据的分析，可以及时发现建筑是否存在倾斜、沉降等安全隐患；通过对环境数据的监测，可以评估环境变化对传统村落的影响，如气候变化对古建筑的侵蚀等。这些数据为管理部门制定科学合理的保护策略和决策提供有力支持，有助于实现传统村落的可持续发展。

（三）强化传统文化科普与研究

传统文化是一个国家和民族的灵魂，传统村落是传统文化的重要物质载体。数字孪生技术为传统文化的科普与研究提供新的平台和手段。从文化传播与教育理论来看，通过数字孪生技术构建传统村落的数字化展示平台，可以将传统村落的历史文化、民俗风情等以生动形象的方式呈现给大众。例如，利用 3D 建模、动画演示等技术，展示传统村落的历史演变过程、传统建筑的营造技艺以及民俗活动的精彩瞬间，让公众更加直观地了解传统文化的内涵和价值。

在研究方面，数字孪生技术可以为学者提供丰富的数据资源和模拟分析工具。通过对数字孪生模型的研究，可以深入探讨传统村落的空间布局、建筑结构、文化传承等方面的规律和特点。例如，通过对多个传统村落数字孪生模型的对比分析，可以总结出不同地域传统村落的建筑风格差异及其与自然环境、社会文化的关系，为传统文化的研究提供新的视角和方法。

（四）为广泛的"乡愁"提供解决方案

"乡愁"是人们对故乡的深深眷恋之情，传统村落承载着人们的乡愁记忆。数字孪生技术通过真实再现传统村落场景，借助多平台展示配以智能终端，将"日思夜想"的故乡真实、快捷地展现在每一位思乡人的面前。依据心理学中的情感联结理论，这种数字化的呈现方式能够唤起人们对故乡的情感共鸣，使"留得住乡愁"成为一种有形的精神寄托。

例如，一些在外务工的人员可以通过手机 APP，随时随地查看家乡传统村落的数字孪生模型，了解家乡的变化，感受家乡的温暖。同时，数字孪生技术还可以为历史文化、人文脉络、技艺传承等提供"看得见"的基础，促进传统文化的传承与发展，增强民族的文化认同感和归属感。

（五）赋能传统村落新活力，促进传统农村经济新转型

传统村落的发展面临着经济转型的挑战，数字孪生技术为其提供新的发展机遇。在文旅融合方面，数字孪生技术可以助力传统村落打造特色文旅产品。通过构建数字孪生模型，将传统村落的文化元素与现代科技相结合，开发出具有创新性的文旅项目，如虚拟旅游、数字文创产品等。以某历史文化名村为例，利用数字孪生技术开发的虚拟旅游项目，让游客可以在虚拟环境中游览古村的各个景点，了解其历史文化背景，同时还可以购买相关的数字文创产品，如虚拟纪念品、数字画作等，为传统村落带来新的经济收入。

数字孪生技术还可以促进传统农村经济的多元化发展。通过对传统村落的产业结构进行数字化分析，挖掘潜在的发展机遇，引入新的产业形态，如数字农业、农村电商等。例如，利用数字孪生技术对农田的土壤质量、气候条件等进行实时监测和分析，实现精准农业生产，提高农产品的质量和产量；搭建农村电商平台，将传统村落的特色农产品和手工艺品推向更广阔的市场，促进农村经济的发展。

三、数字孪生村落全要素智慧化保护的内涵与必要性

（一）数字孪生村落全要素智慧化保护的内涵及其目标

全要素保护是指对被保护对象的全方位、全过程要素的保护。智慧化保

护指利用智慧化技术对被保护对象做智慧化记录、存储、保存、展示和传播的技术总和。因此,传统村落全要素智慧化保护是指以传统村落的全方位、全过程要素为对象,以数字孪生为核心骨架耦合地理信息系统(GIS)、人工智能、物联网、云计算等,以融合、共享和泛在服务为导向,建设传统村落实体馆、文化科技馆等,以实现传统村落全要素智慧化传承保护、智慧化开发利用及可持续发展的远景目标[①]。

传统村落全要素智慧化保护的目标是以保护促发展,通过深度挖掘传统村落资源,赋能农村经济新活力,以智慧化手段和创新发展为引领,以协同应用为目标导向,基于全要素底座,构建传统村落创新发展应用新模式。在保护理念、发展模式及目标预期等方面构建从数字化到信息化、智能化再到回归本体化应用的传统村落全产业链模式,促进数字经济与实体经济的深度融合,坚持保护与传承发展相统一、坚守与创新相统一的建设原则,为传统村落及其文化遗产的高效传播、活态传承与可持续发展提供范式参考。

(二)数字孪生村落全要素智慧化保护的必要性

在传统村落的保护与发展中,数字孪生技术的应用日益凸显其重要性。数字孪生村落作为传统村落的数字化复制品,不仅实现了对传统村落全要素的精准模拟与再现,更为传统村落的全面保护与活态传承提供了全新的路径和可能性。下面从不同方面阐述数字孪生村落全要素智慧化保护的必要性。

传统村落结合数字孪生技术,可以建构村落遗产要素的数字孪生体,重构和再现传统村落遗产的重要场景与过程。这种数字化的呈现方式,不仅有助于记录和保存传统村落的历史信息,还能通过虚拟现实的手段,让更多人身临其境地感受传统村落的魅力,从而促进传统村落的全面保护与活态传承。

数字孪生村落作为一种新型的数字化展示手段,可以从理论和应用层面促进传统文化内核的大众化。通过建设科普机构和完善教育机制,可以让更多人了解和学习传统文化,增强对传统文化的认同感和归属感。同时,数字孪生村落还可以为传统文化的研究提供丰富的数据和案例支持,推动传统文化研究的深入和发展。

---

① 胡最. 面向文化遗产数字化的 GIS 专业人才协同创新培养 [J]. 地理信息世界,2020,27(1):133.

数字孪生村落的真实再现，让"望得见山水"成为可能。借助多平台展示和智能终端设备，人们可以随时随地看到自己日思夜想的故乡，感受那份熟悉的温暖和亲切。这种数字化的呈现方式，不仅为思乡之人提供一种有形的精神寄托，还为历史文化、人文脉络、技艺传承等提供"看得见"的基础。

数字孪生村落的应用通过强调因地制宜，以地域传统文化为纽带，可以建设研学、文旅、党建、宣传为一体的新文旅业态。同时，其可以依托地域文化，融合创新文化衍生品，走文化与地方经济相结合的发展道路，为传统村落注入新的活力，促进传统农村经济的转型升级。

四、数字孪生村落全要素智慧营建的创新措施

（一）构建数字化基础平台

全要素档案数据库建设：在运用新型基础测绘结合多种方式对传统村落进行定量化测绘时，创新引入人工智能图像识别技术辅助数据采集。该技术可快速识别传统村落建筑、景观等要素的特征，与人工测绘数据相互印证，提高数据采集的准确性和效率。例如，在对传统村落大量古建筑进行测绘时，人工智能图像识别技术能在短时间内提取建筑外观的关键信息，如门窗样式、墙体装饰等，为后续详细测绘提供精准指引。在数据库构建方面，采用区块链技术确保数据的安全性和不可篡改性。传统村落的文化数据具有极高的历史价值，区块链的分布式账本特性可防止数据被恶意篡改，保障数据的真实性和完整性，为传统村落的长期保护和研究提供坚实的数据基础。

数据管理平台搭建：除了利用大数据技术和云计算平台实现对多维信息的高效展示、管理与应用外，创新性地开发数据智能分析预警功能。通过对传统村落各类数据的实时监测和深度分析，如建筑使用频率、游客流量变化、环境指标波动等，运用机器学习算法建立预测模型。当数据出现异常波动，可能影响传统村落的保护和发展时，系统自动发出预警。例如，当监测到某区域游客流量短期内急剧增加，可能对传统建筑造成压力时，预警系统及时通知管理部门采取限流等措施，实现对传统村落的动态、精准管理。

（二）打造智慧化应用场景

建设运管平台：依托 5G、物联网等先进技术构建运管平台时，融入区块

链的智能合约技术。在传统村落的日常管理中，涉及多方合作，如旅游项目开发、基础设施建设等。智能合约可自动执行预设的合作规则，确保各方权益得到保障。例如，在旅游项目合作中，根据游客流量、收益等数据，智能合约自动分配各方收益，避免人为纠纷，提高管理效率和透明度。利用增强现实导航技术为游客提供个性化导览服务。游客通过手机即可获取实时的增强现实导航，不仅能准确找到景点位置，还能在导航过程中了解周边建筑、文化遗产的详细信息，增强游客的游览体验。

构建"123"模式：在打造传统村落实体馆与文化科技馆时，引入"众创"理念。鼓励当地村民、游客以及文化爱好者参与场馆内容的创作和更新。例如，设置专门的创作区域，游客可以分享自己在传统村落的独特经历和感受，通过文字、图片、视频等形式展示在文化科技馆中；村民可以将自己传承的传统技艺、民俗故事等制作成数字化内容，丰富实体馆的展示。在培育市场预期方面，创新推出"文化＋金融"模式。与金融机构合作，开发针对传统村落文化产业的金融产品，如文化遗产保护专项基金、文创企业小额贷款等，为传统村落文化产业的发展提供资金支持，推动区域传统文化产业集群的快速形成。

（三）推动数字化保护与传承

建筑遗产保护：在利用数字孪生技术对建筑遗产进行高精度建模时，结合 BIM 技术，实现对建筑全生命周期的管理。从建筑的建造历史、使用情况到未来的维护计划，都能在 BIM- 数字孪生模型中详细呈现。例如，通过对某古建筑的 BIM- 数字孪生模型进行分析，可清晰了解建筑在不同历史时期的修缮记录，根据当前建筑状态和未来环境预测，制定科学合理的长期维护方案，确保建筑遗产的可持续保护。利用 3D 打印技术，对建筑中的关键构件进行复制和保存，为紧急情况下的建筑修复提供备用部件。

村落选址与格局保护：数字孪生技术在揭示村落肌理，反映"风水"特征时，引入 GIS 的空间分析功能。通过对传统村落周边地形、水系、交通等多源空间数据的分析，深入研究村落选址与格局形成的内在机制。例如，通过 GIS 空间功能分析功能发现某传统村落的布局与周边自然资源分布密切相关，基于此研究结果，在村落发展规划中，制定合理的生态保护策略，确保村落与自然环境的和谐共生。利用虚拟现实技术，开发村落历史变迁体验项目，让游客和研究者可以穿越时空，直观感受村落选址与格局在不同历史时期的演变过程。

历史环境要素保护：在对桥、亭、阁、塔、墙、树、林、井等历史环境要素进行数字化记录和分析时，运用传感器网络技术实现实时监测。例如，在古桥上安装应力传感器，实时监测桥梁的受力情况；在古树周围设置环境传感器，监测土壤湿度、光照等环境参数。通过对这些实时数据的分析，及时发现历史环境要素的潜在风险，如桥梁结构损坏、古树生长异常等，并采取相应的保护措施。利用多媒体技术，将历史环境要素背后的故事、传说等制作成有声导览内容，游客通过扫描二维码即可获取，增加游客对历史环境要素的了解和兴趣。

非物质文化遗产保护：在利用数字孪生技术对传统戏曲、技艺、民俗等非物质文化遗产进行数字化记录和展示时，引入动作捕捉技术和全息投影技术。对于传统戏曲表演，通过动作捕捉技术精确记录演员的动作、表情等细节，结合全息投影技术，实现非物质文化遗产的虚拟重现。观众可以在任何时间、地点通过特定设备观看栩栩如生的传统戏曲表演，仿佛置身于真实演出现场。建立非物质文化遗产互动体验平台，游客可以通过虚拟现实设备亲身体验传统技艺的制作过程，如剪纸、陶艺等，增强对非物质文化遗产的认知和传承意识。

（四）培养专业人才与完善标准体系

培养专业人才：高校和科研机构在培养相关专业人才时，创新采用"产学研一体化"培养模式。与传统村落保护实践项目、数字技术企业紧密合作，让学生在学习过程中参与实际项目。例如，学生跟随教师团队参与传统村落数字孪生模型的构建项目，在实践中掌握数字技术应用技能，同时深入了解传统村落的文化内涵和保护需求。开设跨学科的"传统村落数字艺术"专业方向，培养既懂数字技术又具备艺术素养的复合型人才，为传统村落的数字化保护与创新发展提供独特的创意支持。

完善标准体系：在完善标准体系方面，引入国际先进经验并结合我国传统村落特色，制定具有前瞻性的标准。例如，参考国际上文化遗产数字化保护的相关标准，结合我国传统村落丰富的文化内涵和复杂的地理环境，制定适合我国国情的传统村落数字孪生模型构建标准。建立标准动态更新机制，随着数字技术的不断发展和传统村落保护实践的深入，定期对标准进行评估和修订，确保标准始终能够指导和规范数字孪生技术在传统村落中的应用。鼓励行业协会、企业等社会力量参与标准制定过程，充分发挥各方优势，提高标准的实用性和可操作性。

实践篇

第五章　江南运河沿岸传统聚落
空间探究

　　江南运河沿岸传统聚落的产生与发展离不开自然环境与历史文化。运河的动态发展对沿岸传统聚落空间形态的演变具有决定性的作用，也是传统聚落空间基本形态形成的关键。因此，本章从空间布局和空间形态两方面着手，探讨江南运河沿岸传统聚落的形成过程。

第一节　江南运河沿岸传统聚落空间布局的形成

一、江南运河的形成

　　江南运河的形成是一个历经漫长岁月、受多种因素交织影响的过程，其历史可以追溯到遥远的古代。在自然地理方面，江南地区地势相对低平，河汊纵横、湖泊星罗棋布，这种天然的水乡环境为人工运河的开凿提供了重要基础。从气候条件来看，江南地区属于亚热带季风气候，降水充沛，河流水量丰富且较为稳定，为运河的水源补给提供保障，也为其后续的持续开发和稳定运行创造了有利条件。

　　早在春秋时期，各诸侯国出于政治、军事和经济等多重目的，已开始在江南地区尝试开凿运河。例如，吴国为了北伐齐国、争霸中原，于公元前486年开凿了邗沟，这一举措连通长江与淮河两大水系，成为江南运河早期的重要组成部分。邗沟的开凿不仅体现当时的军事战略意图，也开启了江南地区人工运河建设的先河，为后续运河体系的拓展奠定了基础。

随着历史的演进，秦统一六国后，出于加强对南方地区统治和运输物资的需要，对江南地区的运河进行进一步的开拓与修缮。秦朝在原有河道的基础上，开挖新渠，使得江南运河的规模和功能得到一定程度的提升，其在军事运输和物资调配方面发挥了重要作用，也促进了区域间的初步交流。

到了隋朝，隋炀帝为了加强南北经济联系、巩固统治，进行大规模的运河建设工程。其中，江南河的开凿是这一时期运河工程的重要组成部分。江南河自京口（今镇江）至余杭（今杭州），全长八百余里，它的开通进一步完善了江南运河的水系网络，使得江南地区的物资能够更加便捷地运往北方，有力地推动了南北经济的交流与发展，也对沿岸地区的社会、文化产生了深远影响。此后，历经唐、宋、元、明、清等朝代的不断疏浚、拓展和维护，江南运河在河道规模、通航能力、配套设施等方面都得到了持续的优化和完善，逐渐形成了如今的规模和格局，成为中国古代南北交通的大动脉，对中国历史的发展进程产生了不可估量的作用。

二、江南运河形成前后的村落空间布局分析

（一）江南运河形成前的村落空间布局

在江南运河形成之前，江南地区的村落主要依据自然地理条件进行布局。由于该地区水网密集、湖泊众多，村落大多分布在地势相对较高的地方，以避免水患的侵袭。这些高地可能是自然形成的土丘、台地，或是河流交汇处的冲积平原。例如，在太湖流域的一些地区，早期村落多位于太湖周边的丘陵地带，这里既能获取丰富的水资源用于生活和农业灌溉，又能在一定程度上规避洪水的威胁。

此时的村落规模普遍较小，且相对分散。各个村落之间的联系主要依赖于自然河道，但由于自然水系的不连贯性和航行条件的限制，村落间的交流相对有限。在交通方面，主要依靠步行或简陋的水上交通工具，如独木舟等，这使得人们的活动范围受到较大制约，村落的发展也相对缓慢。在这种情况下，村落内部的布局以满足基本生活需求为主，住宅通常围绕着水井或公共活动区域而建，形成简单的聚居形态。农业生产是村落的主要经济活动，耕地一般分布在村落周边，与住宅紧密相连，以便于村民进行耕种和管理。

（二）江南运河形成后的村落空间布局

江南运河的形成，深刻改变了沿岸村落的空间布局。随着运河的开通，交通条件得到极大的改善，运河沿岸逐渐成为具有吸引力的区域，促使村落向运河沿岸集聚。许多村落选址于运河与自然河流的交汇处，或者是运河的重要码头附近，如苏州的枫桥古镇，就位于运河与枫桥河的交汇处，凭借便利的水运条件，逐渐发展成为繁荣的商业集镇。

这些靠近运河的村落规模不断扩大，内部结构也日益复杂。运河为村落带来了更多的商业机会，使得商业活动逐渐在村落中占据重要地位。沿运河的一侧或两岸，出现了商业街，街道两旁店铺林立，涵盖了各种行业，如米行、布庄、杂货店等。为了适应货物运输和人员往来的需求，村落内还建设了大量的仓库、客栈等设施。在居住方面，住宅的布局也发生了变化，一些富裕的家庭开始在靠近运河或商业街的地方建造更为宽敞、精致的宅院，而普通居民的住宅则相对集中在村落的内部或远离运河的区域。

运河的存在也促进村落之间的联系与交流。通过运河，各个村落之间的物资运输更加便捷，人员往来也日益频繁，形成了更为紧密的经济和社会网络。不同村落之间的特色产品得以相互流通，促进了区域经济的互补发展，也使得文化交流更加活跃，不同村落的风俗习惯、民间技艺等得以传播和融合。

三、江南运河沿岸传统聚落空间布局的形成因素

（一）自然因素

低平的地势为江南运河的开凿提供极为有利的基础条件，亦为沿岸聚落的合理布局创造了充足空间。在平原地带，运河依托平坦地势，走向较为平直，这对水运效率的提升具有显著作用，使得船舶能够高效、顺畅地通行。

江南地区稳定的水源和适宜的气候影响了生活方式和建筑风格，聚落建筑注重通风、防潮和防雨，如采用坡屋顶设计和防潮材料。

江南运河及其周边水系是传统聚落形成和发展的关键自然因素。运河为聚落提供水运交通和农业灌溉水源，众多支流形成的复杂水网系统有效地灌溉农田，促进农业繁荣。

（二）社会经济因素

在农业方面，运河沿岸成为重要粮食和经济作物产区，气候温暖湿润，缩短了农作物生长周期，提高了产量，为聚落的发展提供物质基础。降低农产品运输成本，推动农产品贸易，如苏州的稻米和丝绸通过运河远销北方，使其成为农产品集散地，吸引人口聚集。

在商业方面，运河连接南北经济区域，促进商品流通，沿岸聚落发展为商业中心，形成商业街区和集市，如杭州成为南北物资交流枢纽。商业繁荣带动手工业和服务业发展，促进聚落规模扩大和功能多样化。

在手工业方面，江南运河提供原材料和市场。例如，丝绸业通过运河获取蚕丝，销售产品。运河还便利了技术交流，推动了技术创新，苏州、杭州等地的手工业如丝绸、刺绣、陶瓷等因此繁荣，吸引了劳动力，促进了聚落的经济和繁荣。

（三）历史文化因素

江南运河作为京杭大运河的核心段落，串联镇江至杭州的水网体系，依托太湖平原丰沛的水资源与发达的农耕经济，孕育出兼具南北交融特质的文化生态。其独特性体现在三方面：一是漕运经济催生的商业文明，唐宋以来依托运河形成苏州、无锡、嘉兴等商贸枢纽，丝绸、稻米、茶叶贸易兴盛，塑造了开放包容的市镇文化；二是水利工程衍生的技术智慧，长安闸、望亭堰等复合型水工系统，体现古人"以水定城"的生态治理观；三是人文艺术的深度渗透，运河两岸书院林立，催生《吴都赋》《姑苏繁华图》等文艺经典，昆曲、评弹等艺术形式在码头文化中融合升华。此外，江南运河文化以水为脉，贯通物质生产与精神创造，成为中华文明多元一体的缩影。

四、江南运河沿岸传统聚落空间布局的形成机制

交通导向机制：江南运河作为关键的水上交通干线，对沿岸聚落的空间布局起到核心的引导作用。水路运输因其运载量大、成本低廉的优势，显著改善该区域的交通状况。受其影响，聚落逐渐向运河沿岸集中，这不仅便于货物的运输，降低了运输成本，还吸引了大量人口的聚集，形成以运河为轴心的带状分布模式，聚落规模随之扩大，功能也趋向多样化。

经济驱动机制：运河贯通为沿岸带来经济发展机遇。农业上，运河灌溉

促进生产，提高农产品产量，推动农产品贸易，如嘉兴成为重要粮食产区，形成特色农业产区，带动相关产业兴起。商业繁荣是重要体现，运河促进物资流通和贸易往来，沿岸聚落成为商品集散地，形成商业街区，如苏州阊门一带商业发达。商业发展推动手工业进步，江南手工业技术创新，产品质量和产量提高。手工业兴盛吸引人口聚集，促进商业繁荣，形成良性循环，聚落经济结构多元化，功能分区明确，如盛泽镇成为丝绸产业重镇。

社会文化影响机制：家族聚居传统在其中影响显著，宗祠往往被置于聚落的中心或重要地段，其地位极具权威性，象征着家族的根脉与传承。从传统信仰角度看，寺庙、道观等建筑堪称聚落的重要公共空间，它们凭借知名度吸引大量信众与游客，有力促进了聚落的经济发展，也带动了多元文化交流。民俗文化则是当地居民生活方式的生动写照。民俗活动场所构成了聚落公共空间的重要部分，不仅如此，它还对建筑风格和装饰艺术施加影响。就如江南传统建筑，木雕等装饰题材丰富，像寓意吉祥的花鸟鱼虫、神话传说等，都鲜明体现出独特的民俗特色，全方位塑造着聚落的风貌。

规划与管理机制：古代官方的水利规划影响深远，投入人力物力整治河道、修建水利设施，保障运河通航和农业灌溉，影响聚落分布，如镇江因运河与长江交汇节点而围绕水利设施形成功能分区。官方还对城镇建设进行规划，根据需求确定选址和规模，制定建筑规范和管理制度，影响城镇内聚落空间布局，如杭州以运河为依托构建城市体系。民间自我管理机制也有作用，家族通过族规规范建筑活动，乡绅参与公共事务管理和设施建设，影响聚落交通和空间布局。商业行会制定行规，规划商业区域分布，参与公共设施建设和维护，塑造聚落商业空间布局，如苏州古镇丝绸行会规划丝绸贸易专区。

第二节　江南运河沿岸传统聚落空间形态分析

江南运河作为京杭大运河的重要组成部分，其沿岸的传统聚落承载着丰富的历史文化遗产和独特的地域特色。对江南运河沿岸传统聚落空间形态进行分析，有助于深入了解其发展脉络、文化内涵和空间特征，为保护和传承这些宝贵的文化遗产提供理论依据。

一、江南运河沿岸传统聚落的空间形态演变

江南运河沿岸传统聚落的空间形态在历史的长河中经历了漫长的演变过程，主要受到自然环境、历史文化和社会经济等因素的影响。

（一）江南运河沿岸传统聚落空间形态的古代时期

形成阶段：江南运河的开凿与拓展，为传统聚落的孕育提供了必要条件。在古代，受限于生产方式与交通条件，聚落主要分布于运河两岸的平原区域，以农业作为主要经济形态。随着人口的自然增长与区域经济的逐步发展，部分聚落因人口集聚、资源整合，开始向城镇形态演进，商业与手工业在此过程中逐渐萌芽，成为推动聚落进一步发展的重要动力。

发展阶段：唐宋时期，江南地区凭借优越的自然条件与便利的运河航运，迎来了经济的全面繁荣。这一时期传统聚落的发展亦达到新的高度，聚落规模持续扩张，建筑风格在多元文化的交融下日趋丰富多样。商业与手工业的蓬勃发展，不仅提升了聚落的经济活力，更推动了城市的兴起与繁荣，使江南地区的城镇体系逐渐完善。

（二）江南运河沿岸传统聚落空间形态的近现代时期

变革阶段：近代以来，随着西方列强的入侵和中国社会的变革，江南运河沿岸的传统聚落也受到了很大的影响。西方的文化和技术传入中国，传统的农业社会逐渐向工业社会转变，传统聚落的空间形态也发生了相应的变化。

衰落阶段：在现代，由于运河航运的衰落和交通方式的改变，江南运河沿岸的传统聚落逐渐失去了往日的繁荣。一些城镇和聚落的经济衰退，人口减少，建筑老化，传统聚落的空间形态也逐渐遭到破坏。

（三）江南运河沿岸传统聚落空间形态的当代时期

保护阶段：中华人民共和国成立后，政府开始重视传统聚落的保护和发展，出台了一系列政策和措施，加强了对传统聚落的保护和管理。同时，随着经济的发展和人民生活水平的提高，人们对传统聚落的价值和意义也有了更深刻的认识，传统聚落的保护和发展成为社会关注的焦点。

复兴阶段：近年来，江南运河沿岸的传统聚落迎来了新的发展机遇。一些传统聚落通过开发旅游资源、发展文化创意产业等方式，实现了经济的复

兴和空间的更新。例如,乌镇的西栅通过开发旅游资源,打造了一个集文化、旅游、休闲于一身的综合性旅游景区,吸引了众多游客前来观光旅游。

二、江南运河沿岸传统聚落的空间形态特征

江南运河沿岸传统聚落的空间形态呈现出多样化的特征,主要受自然环境、历史文化和社会经济等因素的影响。

(一)江南运河沿岸传统聚落空间形态的整体格局

水网格局:江南地区水网密布,运河与众多水系相互交织,形成独特的水网格局。沿岸传统聚落依水而建,水网成为聚落空间的重要组成部分,不仅为居民提供生活用水和交通便利,还塑造了聚落的整体风貌。例如,苏州的平江路历史街区,以其纵横交错的水道和古朴的民居建筑,展现了典型的江南水乡风情。

组团式分布:传统聚落往往以组团的形式分布在运河两岸,每个组团具有相对独立的功能和空间结构。这种分布方式有利于聚落的发展和管理,同时也体现当地居民的聚居习惯和社会结构。例如,乌镇的西栅和东栅就是两个相对独立的组团,各自具有不同的商业和居住功能。

(二)江南运河沿岸传统聚落空间形态的街巷空间

鱼骨状布局:许多传统聚落的街巷空间呈现出鱼骨状布局,主要街道与水系平行或垂直,分支街道则像鱼骨一样向两侧延伸。这种布局方式既有利于交通流畅,又能够充分利用水系资源,为居民提供便捷的生活条件。例如,西塘古镇的街巷空间就是典型的鱼骨状布局,主街与河道相互交织,形成独特的空间景观。

多层次结构:街巷空间具有多层次的结构,包括主要街道、次要街道和小巷等。主要街道承担着交通和商业功能,次要街道和小巷则主要用于居民的日常生活和邻里交往。这种多层次的结构丰富街巷空间的层次和功能,使传统聚落具有较强的空间活力。

(三)江南运河沿岸传统聚落空间形态的建筑形态

白墙黑瓦:江南运河沿岸传统聚落的建筑风格以白墙黑瓦为主,这种建筑风格简洁明快,体现江南地区的传统文化特色。白墙黑瓦的建筑色彩与水

乡风光相得益彰，形成独特的江南水乡建筑景观。

庭院式布局：传统建筑往往采用庭院式布局，庭院是建筑内部空间的重要组成部分，具有通风、采光和休闲等功能。庭院式布局不仅体现中国传统建筑的文化内涵，还为居民提供舒适的居住环境。

三、江南运河沿岸传统聚落的空间形态类型

（一）按照水系格局分类

1. 水网分割型空间形态

水网分割型传统聚落主要集中分布在水网密集的区域，如江南水乡的腹地。这些地区河道纵横交错，水系发达，为聚落的形成和发展提供得天独厚的自然条件。在这种水系格局下，聚落被水系分割成多个小块，形成独特的水乡景观。景观特色如下：

河道纵横：聚落内河道密集，水道宽窄不一，有的河道宽敞如街，有的河道狭窄如巷。河水清澈，潺潺流淌，滋养着两岸的土地和居民。这种自然条件不仅为聚落提供丰富的水资源，还形成独特的水上交通网络，使得居民之间的交流和物资的运输变得便捷。

民居依水：民居建筑紧密围绕着河道分布，建筑与河道之间的关系十分密切。居民们通过河道进行交通、运输和取水，河道成为聚落的重要组成部分。这种布局不仅体现人与自然和谐共生的理念，也使得聚落的景观更加生动和富有韵味。

桥梁相连：为了方便居民的出行，河道上修建众多的桥梁。这些桥梁造型各异，有的是单孔桥，有的是多孔桥，有的是石拱桥，有的是平板桥。桥梁不仅连接河道两岸的居民，而且桥梁的设计和建造往往融入当地的文化元素，成为聚落历史和文化的见证。

2. 梳式流线型空间形态

梳式流线型传统聚落主要沿着河道呈梳状分布，街道与河道平行，住宅建筑排列整齐。这种分布特征使得聚落具有较好的交通条件和通风采光效果，同时也体现江南地区传统聚落的规划理念和建筑风格。景观特色如下：

河道与街道：河道是梳式流线型传统聚落的重要组成部分，河道与街道

相互平行，形成独特的景观格局。河道两岸的街道狭窄幽深，建筑错落有致，呈现出一种宁静、祥和的氛围。这种布局不仅有利于居民的生活和工作，也使得聚落的景观更加具有层次感。

住宅建筑：住宅建筑是梳式流线型传统聚落的主体，建筑风格简洁明快，多采用木质结构。建筑的排列整齐有序，形成一种独特的韵律感。住宅建筑的外墙多为白色，屋顶多为黑色，与河道、街道相互映衬，形成鲜明的江南水乡特色。这种建筑风格不仅体现对自然环境的尊重，也反映当地居民的生活智慧。

空间景观：梳式流线型传统聚落的空间景观独特，河道、街道、住宅建筑之间相互协调，形成一种有机的整体。居民们在河道上划船、洗衣、洗菜，在街道上散步、购物、聊天，生活节奏缓慢而悠闲，展现出了江南地区传统聚落的独特魅力。这种生活场景不仅为聚落增添了活力，也成为吸引游客的重要因素。

（二）按照聚落功能分类

1. 商业型空间形态

商业型空间形态主要以商业贸易为主要功能，这类聚落通常分布在运河沿岸的交通枢纽位置，商业活动发达。商业型聚落的形成与运河的开凿和发展密切相关，运河的开通为商业贸易的发展提供便利的条件，使得这些聚落成为商业和贸易的中心。建筑特色如下：

街道布局：商业型聚落的街道布局通常采用棋盘式或鱼骨状，街道宽阔平坦，交通便利。街道两旁的建筑多为商业建筑，建筑风格古朴典雅，具有较高的历史文化价值。这种布局不仅方便了顾客的购物和游览，也促进了商业活动的繁荣。

商业活动：商业型聚落的商业活动十分发达，这里汇聚了各种商品和货物，如丝绸、茶叶、瓷器、药材等。商业活动的形式多样，有集市、庙会、夜市等，这些商业活动不仅为当地居民提供便利的生活条件，也吸引众多的游客前来观光旅游。商业的繁荣也带动相关产业的发展，进一步丰富聚落的经济结构。

2. 居住型空间形态

居住型空间形态主要以居住为主要功能，这类聚落通常分布在环境优美、交通便利的地方，居住环境舒适。居住型聚落的形成与江南地区的自然环境和文化传统密切相关，江南地区气候温和，物产丰富，人们在这里安居乐业，形成独特的居住文化。建筑特色如下：

建筑风格：居住型聚落的建筑风格多采用江南水乡风格，以白墙黑瓦、庭院式布局为主要特点。建筑的外墙多为白色，屋顶多为黑色，与江南地区的水乡风光相得益彰。庭院式布局是江南水乡建筑的特色之一，庭院内种植着各种花草树木，营造出一种宁静、舒适的居住环境。这种建筑风格不仅体现对自然环境的尊重，也反映当地居民的生活智慧。

街道布局：居住型聚落的街道布局通常采用曲折迂回的方式，街道狭窄幽深，建筑错落有致。这种街道布局不仅增加了聚落的层次感和趣味性，也体现江南地区传统聚落的规划理念和建筑风格。街道两旁的建筑多为住宅，布局合理，既满足了居民的居住需求，也保持了聚落的美观和整洁。

（三）按照建筑风格分类

1. 江南水乡风格

江南水乡风格的传统聚落以白墙黑瓦、庭院式布局为主要特点，这类聚落通常具有独特的水乡景观和文化内涵。江南水乡风格的建筑注重与自然环境的融合，建筑造型简洁明快，色彩淡雅清新，体现江南地区的传统文化特色。建筑元素如下：

白墙黑瓦：白墙黑瓦是江南水乡风格建筑的标志性元素，白墙映衬着黑瓦，简洁明快，色彩淡雅清新，与江南地区的水乡风光相得益彰。这种色彩搭配不仅美观大方，也具有良好的耐候性，适应了江南多雨的气候特点。

庭院式布局：庭院式布局是江南水乡建筑的特色之一，庭院内种植着各种花草树木，营造出了一种宁静、舒适的居住环境。庭院式布局不仅体现中国传统建筑的文化内涵，也为居民提供一个休闲、娱乐的空间。庭院中常常设有水池、假山等景观，增添了聚落的美感和文化氛围。

小桥流水：小桥流水是江南水乡风格建筑的重要组成部分，河道纵横交错，小桥横跨其上，河水潺潺流淌，营造出了一种独特的水乡景观。这种景观不仅美化了聚落的环境，也成为居民日常生活的一部分，体现人与自然和谐共生的理念。

2. 徽派建筑风格

徽派建筑风格的传统聚落以马头墙、小青瓦为主要特点，这类聚落通常具有严谨的建筑布局和独特的艺术风格。徽派建筑风格的建筑注重细节和装饰，建筑造型优美，色彩淡雅清新，体现徽派文化的独特魅力。建筑元素如下：

马头墙：马头墙是徽派建筑风格的标志性元素，其造型独特，高低错落，层层叠叠，犹如马的头部，因此得名。马头墙不仅具有装饰作用，也具有防火、防盗的功能。这种设计不仅增强了建筑的美感，也提高了建筑的安全性。

小青瓦：小青瓦是徽派建筑风格的重要组成部分，小青瓦造型优美，曲线流畅，色彩淡雅清新，与白墙黑瓦相互映衬，营造出了一种独特的艺术效果。小青瓦的使用不仅体现了徽派建筑的审美追求，也适应了当地的气候条件，具有良好的排水和隔热功能。

庭院式布局：庭院式布局是徽派建筑风格的特色之一，庭院设计注重围合式布局，里面种植着各种花草树木，营造出了一种宁静、舒适的居住环境。庭院式布局不仅体现中国传统建筑的文化内涵，也为居民提供一个休闲、娱乐的空间。庭院中常常设有水池、假山等景观，增添了聚落的美感和文化氛围。

四、江南运河沿岸传统聚落空间形态的现代化保护措施

法律法规保障：政府应着力强化针对江南运河沿岸传统聚落空间形态保护的立法工作，构建完备且切实可行的法律体系。通过制定细致入微的政策法规，明确界定传统聚落的保护范围、保护标准以及违规惩处机制，为保护工作筑牢坚实的法律根基。加大执法力度，确保各项法规政策能够落地实施。充分借助多种媒体渠道，广泛开展宣传教育活动，提升居民对传统聚落保护意义的认知水平，增强其保护意识，促使居民自觉遵守相关法律法规，营造全社会共同参与保护的良好氛围。

文化遗产保育：深入挖掘传统聚落内文化遗产的价值，建立全面、系统的文化遗产保护体系。对古建筑、历史遗迹、传统技艺等文化遗产展开详细普查与登记，运用先进技术手段进行监测与维护。修缮过程严格遵循"修旧如旧"原则，最大程度保留其原有的历史风貌与文化内涵。加强文化遗产的

学术研究，通过举办展览、学术研讨会等形式，向公众展示传统聚落的文化魅力，增进社会对其文化价值的理解与认同。

环境整治维护：大力推进传统聚落的环境整治工作，改善基础设施条件，提升整体环境质量。加强对水系的综合治理，维护运河及其周边水系的生态平衡，确保水体畅通、洁净，恢复水乡特色景观。加大对垃圾处理、污水处理等环保设施的投入，建立完善的环境治理长效机制，提高传统聚落的环境承载能力。注重对聚落周边自然生态环境的保护，营造和谐共生的人居环境。

旅游开发与产业升级：一方面，充分挖掘传统聚落丰富的旅游资源，制定科学合理的旅游发展规划，强化交通、住宿、餐饮等旅游基础设施建设，完善配套服务，以此提升游客的旅游体验。基于传统聚落的地域文化特色，开发诸如民俗文化体验游、历史文化探寻游等特色旅游产品，塑造具有高知名度的旅游品牌，注重提升旅游服务质量，加强从业人员培训，规范旅游市场秩序，吸引更多游客，从而推动传统聚落的经济发展。另一方面，积极促进产业结构的优化升级，大力培育发展文化创意产业、乡村旅游等新兴产业，对传统产业进行技术改造与创新，提升其附加值与市场竞争力。加强对产业发展的宏观规划，制定优惠政策，吸引社会资本投入，推动产业集聚与可持续发展，实现传统聚落经济增长方式的转型。

社区参与机制：充分发挥社区居民在传统聚落保护与发展中的主体作用，建立健全社区参与机制。通过开展社区教育活动，提高居民参与意识与能力，让居民深入了解传统聚落的保护与发展规划。鼓励居民参与旅游服务、文化传承等工作，分享发展成果。搭建社区居民与政府、企业之间的沟通平台，广泛听取居民意见与建议，使传统聚落的保护与发展决策更加科学合理，实现社区与传统聚落的共同发展。

第六章　江南运河沿岸杨桥古村落空间保护与更新设计

本章通过对杨桥古村落现状进行研究，分析其价值体系建构、保护与更新策略，并结合村内的实际情况对场地进行整体规划，依次从乡村空间布局、乡村人居环境、乡村产业结构、乡村文化遗产四个角度进行保护与更新改造设计，力争帮助杨桥古村落实现生态宜居，生活富裕，文化璀璨的建设目标。

第一节　杨桥古村落的现状分析

一、杨桥古村落的基本情况介绍

杨桥村的古村落见证了岁月的变迁，承载着丰富的历史文化底蕴，如拥有明清、民国时期的 500 多间传统建筑。村落、街巷、水系和田园风光相互融合，展现出浓厚的传统水乡特色。杨桥村的保护与发展得到各级政府的高度重视。2008 年，杨桥古街被常州市政府评定为"历史文化街区"；2013 年，杨桥村入选第二批中国传统村落名录；2019 年 1 月，杨桥村荣获"中国历史文化名村"称号；2022 年 12 月，杨桥村入选常州市历史地名文化遗产第一批（古村落）名单。这些荣誉不仅是对杨桥村历史价值的认可，也是对其未来发展的期许。

（一）地理区位

常州，这座位于长江三角洲中心地带的城市，东临苏杭大平原，西接茅山小丘，南濒太湖，北临长江。常州与苏州、无锡相邻，构成了"苏锡常"

三大区域，并与上海、南京保持密切联系。常州作为长江三角洲的重要组成部分，不仅在地理上占据着得天独厚的优势，而且在经济和文化上也扮演着重要的角色。它的发展得益于其优越的地理位置，使得常州成为连接南北、沟通东西的重要枢纽。杨桥村作为常州的一个重要组成部分，同样受益于这样的地理优势，其交通网络的完善和区域经济的快速发展，为当地居民带来实实在在的便利和机遇。

杨桥村所在的武进区，地势低洼，平原辽阔，河道纵横。境内有上千条大小河道，以及滆湖、太湖、宋剑湖三大自然湖泊，形成京杭大运河、运南水系、运北水系、兰湖水系的水系网络。这种独特的地理环境为杨桥村提供丰富的自然资源和优越的生态环境。武进区的水系网络不仅为当地的农业灌溉提供便利，也为生态旅游和渔业发展提供良好的条件。湖泊和河流的存在，使得该地区成为多种生物的栖息地，为生物多样性的保护和研究提供了宝贵的自然实验室。这些自然资源也成为吸引游客的重要因素，促进了当地旅游业的发展。

（二）气候水文

杨桥村位于长江下游南岸，气候温和，降水充沛，阳光充足。春季（3月至5月），气温回升，温暖宜人；夏季（6月至8月），高温晴热，常出现35℃以上的高温天气，可能导致伏旱；秋季（9月至11月），昼夜温差明显，秋高气爽；冬季（12月至次年2月），寒冷，有降雪可能。这种四季分明的气候条件，不仅为农业生产提供良好的自然条件，也为村民的生活提供舒适的环境。杨桥村的气候特点，使得该地区能够种植多种农作物，为当地农业的多样化发展提供可能。四季分明的气候也使得杨桥村的自然景观随着季节的变化而呈现出不同的风貌，成为吸引游客的一大亮点。

（三）村名由来

杨桥村的名称源于朱熹的第十一世孙朱愭。朱愭游历至常州市武进区南杨桥，发现此地风水优越，便在此定居。随后，唐姓、徐姓、蒋姓、刘姓、华姓等商人纷纷迁至此地，与朱愭合作发展。为便于南北街巷的通行与贸易，当地人用一棵大杨树建成了杨木桥，故称杨桥，村庄也因此得名杨桥村。这一历史背景不仅体现杨桥村的起源，也反映其早期的商业发展和文化交流。杨桥村的命名故事，不仅揭示了村庄的地理特征，也映射出历史上该地区的人文交流和经济发展。朱惜的定居和随后商人的迁入促进了当地商业的繁荣，使得杨桥村逐渐成为一个经济活跃的村落。杨木桥的建立更是成为村庄发展史上的一个重要里程碑，它不仅方便了村民的日常出行，也促进地区间的贸易往来，为杨桥村的繁荣奠定坚实的基础。

（四）民俗文化

杨桥村的民俗文化丰富多彩，具有鲜明的地域特色和乡土风情。

1. 杨桥庙会

杨桥庙会是杨桥村最具特色的非物质文化遗产项目，集迎神、娱人、敬香、集市贸易于一身，已有近千年的历史。庙会按程序分为出会、接会、走会、舍会等过程。出会是庙会的重头戏，队伍由金鼓、铜锣开道，彩旗飘扬，民间文艺表演如舞大刀、舞马叉、踩高跷等，热闹非凡，最后由城隍老爷压阵，村民们齐声欢呼，焚香祈祷。庙会期间，市场交易兴旺，亲友相聚，是杨桥人民的喜庆日子。这一活动不仅体现了杨桥村的传统信仰和文化传统，也展示了村民们的团结和热情。

2. 杨桥捻纸

杨桥捻纸是杨桥村的另一大非物质文化遗产。以各种颜色的纸为主要材料，集观赏与娱乐于一身，制作过程包括选材、裁剪、粘贴、捻折、修剪、拼装、组合等 10 多个步骤。杨桥捻纸不仅是一种美术形式，还融汇了表演、舞蹈、乐理、仪式等元素。作品题材广泛，包括生产民俗类、民间故事类、生活习俗类等，展现了丰富的文化内涵。

二、杨桥古村落的特征分析

（一）杨桥村的选址特征

杨桥古村落地势平坦，河流纵横，沟塘密布。古村落依水而建，与水系河道相依相生，周边田园生态绿化空间成为村落的绿色屏障，呈现出田园、水系、村落三者融合的空间环境特点。这种选址充分体现人与自然的和谐统一，古时人们称这里是"金钩扎月"的风水宝地。这种独特的地理环境不仅为村民提供丰富的自然资源，也为村落的可持续发展提供良好的基础。杨桥古村落的选址不仅考虑了对自然环境的利用，还兼顾了生活便利和防御需求。

村落的布局充分考虑了风水学说，力求达到人与自然的和谐共处，体现古代人民对自然环境的深刻理解和尊重。在古村落的选址过程中，人们精心挑选了这一片土地，不仅因为其自然条件优越，还因为其地理位置的特殊性，使得村落能够得到良好的保护，同时又不失与外界的交流与联系。

（二）杨桥村的格局特征

杨桥村建设师法自然，村域内水网交织，石桥处处，布局灵活，空间丰富，主要街巷的走向、院落的排布与水系密切相关，建筑、街巷、河道有序布局。村内四面环水，整体呈"井"字形分布。这种格局不仅体现江南水乡的传统特色，也展示了村民与自然和谐共生的生活方式。杨桥村的格局设计巧妙地利用了自然水系，形成独特的水乡风貌。村中的石桥不仅方便了交通，也成为村落的标志性景观。村落的布局还考虑了防洪和灌溉的需要，体现古代人民在建设中融入实用与美观的智慧。在规划村落时，古代的规划者们巧妙地将水系作为村落布局的重要组成部分，使得整个村落既具有实用性又不失美观，体现古人对自然环境的深刻理解和尊重。

（三）杨桥村的风貌特征

杨桥村具有典型的江南水乡特色风貌，河道穿村而过，建筑依水成街，呈现出"小桥流水人家"的田园风光。水系将古街、古巷、古宅、古桥连接在一起，以"悠长的古水道、深幽的街巷、傍水而建的古屋、历史悠久的石桥"为特征，展现了一幅"诗意江南，水墨杨桥"的美丽画卷。这种风貌不仅体现江南水乡的自然之美，也反映村民对传统文化的尊重和传承。杨桥村的风貌是江南水乡文化的缩影，每一处细节都透露出历史的沉淀和文化的韵味。无论是古桥的石砌工艺，还是沿河而建的民居，都展现了古代工匠的精湛技艺和对美的追求。杨桥村的每一砖一瓦，每一桥一水，都承载着丰富的历史信息和文化内涵，是研究江南水乡历史和文化的重要窗口。

（四）杨桥村的边界与入口空间

杨桥村的边界从南宋时期逐渐演变而来，其地势相对平坦，西部、北部略高，东部、南部稍低。这种地理特征不仅反映自然地貌的演变，也体现古人对村落选址的智慧。东面的边界是常武南路，这条道路不仅连接了宜兴与武进客运站，为村民提供了便捷的交通条件，还成为杨桥村对外交流的重要通道。西面的边界是太滆运河、武宜运河与锡溧漕河的交汇处，这一独特的地理位置使得杨桥村在历史上就成为重要的交通枢纽和商贸中心。北面通向谭庄村，是村落的次路口，方便村民与周边村落联系。南面是常州与宜兴的交界处，以农田为主，视野开阔，这一开阔的边界不仅为村民提供丰富的农业资源，也成为杨桥村与外界交流的天然窗口。这种边界布局不仅体现了杨桥村的历史演变，也展示了其与周边环境的紧密联系。

杨桥村有三个主要出入口，共同构成村庄的"第一印象"。东面的主入口连接 S39 高速，这一现代化的交通设施不仅彰显了杨桥村的历史文化地位，也展示了其在现代社会中的开放性和包容性。南面的入口位于后朱家场村内，连接杨桥古镇与杨桥村，这一入口不仅为游客提供进入古镇的便捷通道，也成为连接历史与现代的重要纽带。北面的入口是一条 2.5 米宽的水泥路，虽然宽度有限，但这条道路为村民的日常出行提供了便利，体现杨桥村在基础设施建设上的实用性和人性化考量。这些入口不仅为村民提供便利的交通条件，也展示了杨桥村的开放性和包容性。它们不仅是村民与外界联系的通道，更是杨桥村文化传承与发展的重要窗口。

（五）杨桥村的道路系统与街巷体系

1. 杨桥村的道路系统

杨桥古村落位于常州市武进区最南端，周边水陆交通便利。古村附近的太滆运河连通太湖，新长铁路、锡宜公路、常漕公路交会于村域东侧，对外交通顺畅。这种交通条件不仅为村民提供便利的出行方式，也为杨桥村的经济发展提供良好的基础。

2. 杨桥村的街巷体系

街巷体系以杨桥南街—杨桥北街为骨架，呈鱼骨状向外衍生出数条东西街巷，如桥南西街、桥北西街、杨桥东街、太平庵街等，形成南北向鱼骨型主要街巷体系。街巷顺应河道布置，构成主路—支路—小巷的多级网络系统，东西向与南北向街巷的交汇处形成开敞的街头公共空间。这种街巷体系不仅体现了江南水乡的传统特色，也展示了村民与自然和谐共生的生活方式。

（六）杨桥村的环境要素与公共空间

公共空间是乡村邻里的重要组成部分，村民在此处理日常事务或组织重要活动。通过 POI 数据的分析，杨桥村的服务设施相对缺乏，如住宿、教育、购物等设施不足，村民生活需求难以得到满足，主要活动空间包括朱氏祠堂、村民活动中心和杨桥古镇，但这些空间存在功能单一、设施老化等问题。

1. 杨桥村的环境要素

公共空间的环境要素包括自然景观和人文景观。自然景观如河道、田园、绿地等，为村民提供休闲和娱乐的场所。人文景观如祠堂、活动中心等，为村民提供文化活动的场所。然而，这些空间的功能单一，设施老化，无法满足村民的多样化需求。

2. 杨桥村的主要活动空间

朱氏祠堂：朱氏宗祠是杨桥村一个非常重要的公共空间，其功能多样，除"崇宗祀祖"之外，每一户人家平时在举行婚礼、葬礼、生日等活动时，都会使用这座宽敞的祖庙来举行仪式。此外，宗室成员之间，亦常以宗祠为聚会之地，以商量家族大事。

村民活动中心：杨桥村唯一的村民活动中心即杨氏活动中心在湾渎村，这里主要由两部分构成：一部分是占地约为 350 平方米的户外活动区，另一部分便是室内活动空间。杨桥村建设"村民活动中心"的初衷，一是增加农民群众的自娱自乐性，使其成为村民施展绝技的舞台；二是有助于提高村民的精神建设。然而，村民活动中心存在"空有其表"的问题，村民活动中心已经变成了老年人的棋牌室，外面的健身器材年久失修，无人问津。

杨桥古镇：小镇范围内的胜迹甚多，遗存丰富，如关房阁、保丁寺、白虎堂、百岁庄、凤凰洞、太平庵等，特别是那座已经被毁的红莲寺声名远播。虽然村落秉承不商业开发的原则，但是杨桥古镇内很多历史民宅已经消失。例如杨桥戏楼，里面已然没有了历史的痕迹，成为一座民宅，即如今的南杨宴。最近笔者去调研发现，古镇内很多遗址已经被保护起来了，太平庵也重新修葺粉刷了，古镇内还挂起了大红灯笼，增添了许多年味。

（七）杨桥村的建筑特征

1. 杨桥村的建筑形制

杨桥村的建筑形制大致可以分为三种类型：

明清时期的建筑：多为一、二层两面斜面的平房，以砖石砌成，临街一面多以木头构成，其他地方多以青砖砌成，屋脊、门楣等构造细节精致，具有时代特征。

20世纪七八十年代的建筑：多是砖石和水泥建成，主要是二、三层。此类住宅大多设有露台，其一大特色就是采用了花形的水泥墙。在杨桥村里，这样的房子大多穿插在古老的建筑物中，严重地损害了杨桥村的原生面貌。

20世纪90年代的建筑：随着社会的进步和城市文明的参与，这一时期的住宅逐渐呈现出都市化特征，建筑材料仍以砖石为主，表面主要采用彩釉瓷砖进行处理，其他部位以粉刷为主，青色的玻璃窗和铅质的金属窗户框架也是这个时代建筑的一个主要特点。

2. 杨桥村的建筑层数

对于乡村自建房来说，最普遍的是一层、二层和三层。现在乡村常住人口越来越少，大多是老人留在乡村，盖一层老人也够住，但是年轻人逢年过节回家的时候就难免显得拥挤。三层又造成了太多空间的浪费，不仅建造成本高了不少，日常的打扫和维护也是非常麻烦。因此，在杨桥村，二层建筑最多，新建的小别墅等也是选择二层。

3. 杨桥村的建筑质量

近年来，随着村民生活水平的逐步提升，他们开始注重改善自己的居住环境。在杨桥村，这一变化尤为显著。村民们纷纷动手修缮自己的房屋，有的选择了推倒重建，打造出全新的居所；有的对房屋外饰面进行粉刷，使老屋焕然一新；还有的更换了阳台结构，提升居住的舒适度和安全性。经过这一番整修，大部分房屋的质量得到显著提升，基本满足村民的日常生活需求。

在古村落里，也有一部分房屋保持着相对一般的状态。这些房屋主要由留守老人居住，他们年事已高，无力也无意对房屋进行大规模的修缮。尽管外表看起来有些破旧，但房屋结构依然稳固，足以满足老人们的居住需求。杨桥村中还散落着一些已经破旧甚至倒塌的古建筑。这些建筑因年久失修，无人居住，显得尤为凄凉。它们见证了村庄的历史变迁，也提醒着人们要珍惜和保护好现有的文化遗产。

在漫长的历史岁月中，乡村的风貌已经逐渐被人们所接受，它是一种非常珍贵的文化财富。然而，乡村的建设常常是在大量的拆除与重建中进行，而且没有什么特定的规则可以遵守。盲目的拆除与大规模的新建导致了原本的乡村面貌逐渐被破坏。在乡村建设实践中，有的乡村会仿造城镇，如打造一些小别墅般的风景建筑，与许多城镇的建筑样式非常类似。这种盲目跟风的方式，没有结合乡村地区的特点进行定位和建设，造成一些历史悠久的建筑被拆除，文化流失比较严重，整个村落的风格遭到了严重的破坏，与地方的建筑特征并不相符。

除杨桥古镇的建筑外，杨桥村内的建筑经过重新修缮，已经丧失了当地的特色。许多建筑在改造过程中未能保持与周边环境的和谐统一，导致风貌上出现不协调的现象。另外，村内历史建筑的保护状况尤为令人担忧，仅有极少数，大约寥寥几处，被正式挂牌保护起来，得到应有的重视与呵护，而另外一部分历史建筑，虽然它们依然保留着鲜明的地域特色，但却因年久失修，基本处于荒废状态，亟待得到有效的保护与利用。

三、杨桥古村落发展所面临的问题

在城市化快速发展的同时，杨桥村呈现出空心化、老龄化、边缘化等一系列问题。作为千年古村落，大量优秀传统资源的保护面临着严重的威胁。

（一）传统产业结构落后

杨桥村以第一产业即基础种植业和养殖业为主，主要种植水稻、小麦、玉米等农作物。由于其农业的基础较差，耕作分散，缺乏科技支撑，导致村内经济收入较低。缺乏足够的产业链条，不仅会造成大量的人口外流，还会造成更大的经济衰退，限制了杨桥村的发展。

（二）人口流失严重

空心村现象在杨桥村十分典型。村庄在不断扩大，周围都是新的建筑，大部分都是沿着道路修建的，而村子中央的旧建筑则因为无人居住或看管而逐渐荒废。所以，越往村子中央的房子就越老旧，而在村子边缘的房子就越新，这就意味着村子里的人正更多地向外围分散。这是一种畸形的村庄开发方式，一是导致大片农田遭到破坏，资源被浪费；二是对乡村的面貌产生了很大的冲击，对乡村社会的整体形象及社会生活产生很大的负面作用，阻碍了乡村社会的发展。

（三）传统风貌与现代风貌杂糅

建筑群是乡村风貌最直接的体现。杨桥村的民居发展经历了三个阶段：第一阶段是清代、民国两个阶段的古建筑，这个阶段的建筑风格非常协调，多为一到二层，屋顶都是小青瓦，瓷砖粉刷，木制窗花，木制木板。第二阶段的民宅对乡村的面貌造成了很大的影响，它们穿插于古建筑之中，并且具有很大的体积和形制变化，与民宅的建筑格格不入。在20世纪90年代以后，人们建造的住宅大多是琉璃瓦，使用的是蓝色或绿色的玻璃，虽然在到处都是新屋的村落周围，它们可以与村落里面的新屋保持和谐，但是却与村落里面的旧屋显得有些格格不入。另外，新的住宅建设东拼西凑，追求新的东西，看起来极不协调，失去了乡村的特点。

（四）公共环境较差

杨桥村内不乏公共空间，如宅前屋后空间、乡村出入口空间、中心广场空间等，但由于没有得到很好的改造，导致这些空间功能的单一化，且由于地面铺装不平整、配套绿化设施不美观，基础标识系统不全面等问题，导致这些空间不能聚集起来，形成一个较为杂乱的公众交流空间。

在以张仙浜（古南运河）为主体的公共环境上，该水系曾承担起杨桥村对外交流的主要角色，但随着陆地交通的兴盛，村里的运河分支已渐渐丧失了它的历史地位。目前，杨桥村范围内的河道水质未得到有效治理，水质受到严重污染，河道两岸的景观太过单调。杨桥村的土地利用问题，并没有出现在杨桥古道上，而是出现在了村庄周围的新建住宅区中，即房子与房子的交界处，因为缺乏管理，也没有任何规划，导致这些边角的空地经常会变成一个垃圾场，对整个村子的环境造成很大的破坏。

（五）民俗文化大量流失

杨桥村内民俗文化正在大量流失，主要原因有三点：一是村内经济水平较差，村内老百姓并没有充裕的资金与能力去排练、表演、筹备各类民俗活动，加上村内会这些表演活动的多为老年人，其子女会选择把老人接到城市一起生活，表演小组人数不足也没有办法集体排练，久而久之参与这些民俗活动的村民就更少了。二是村内没有良好的文化氛围，村民的自主保护意识较弱，对很多人而言，民俗文化是一种看不见摸不到的东西，提到文化传承他们并不理解也不知道从何做起。三是村内的保护政策存在一定的弊端。虽然坚持不开发是一种最直接的保护方式，但也导致了村内民俗文化得不到良好的宣传，杨桥村也逐渐成了一个"围城"，外面的人不了解，里面的人想出去。

四、阻碍杨桥古村落发展的制约因素

（一）政府职能转变不到位，作用发挥需提升

在杨桥古村落的发展过程中，政府职能转变不到位成为一个显著的制约因素。村委会的角色和职责本应是服务村民、促进乡村发展，但在实际操作中，村委会往往过多地关注表面问题的解决，如环境整治、村容村貌的改善等，而未能深入村民生活，真正帮助他们解决实际困难和问题。这种表面化的工作方式，虽然可能在短期内带来一定的视觉效果，但无法从根本上推动乡村的可持续发展。

村委会在代表和维护村民权利方面也存在不足。在乡村治理过程中，地方政府往往倾向于将资源和财政支持投入建设入口村牌、城市广告牌等上，而忽视了乡村发展和村民的实际需求。这种资源分配的不合理，不仅浪费了有限的财政资源，也挫伤了村民参与乡村治理的积极性。

（二）保护意识和能力较弱，探求发展积极性不高

长期以来，村民们习惯于一切听政府安排，缺乏自主思考和探索发展的积极性。他们往往认为，乡村的发展是政府的事情，与自己无关，因此不愿意主动参与到乡村治理和发展中来。这种依赖心理导致村民们在面对乡村发展问题时，往往缺乏主动性和创造性，只是被动地接受政府的安排和指示。

"裙带关系"的风气在杨桥村落中也有所蔓延。这种不正之风不仅破坏了乡村的公平和正义，也扼杀了村庄本身的活力和潜力。在"裙带关系"的影响下，一些有能力和想法的村民往往难以得到应有的机会和支持，一些靠关系上位的人则可能缺乏实际的工作能力和责任心。这种情况的存在，严重阻碍了乡村的健康发展，也削弱了村民对乡村未来的信心和期待。

综上所述，杨桥村作为一座具有悠久历史和丰富文化底蕴的古村落，面临着诸多发展挑战。从传统产业结构的落后到人口流失的严重，从传统风貌

与现代风貌的杂糅到公共环境的较差，再到民俗文化的大量流失，这些问题不仅影响了杨桥村的可持续发展，也对其文化传承和保护构成了威胁。同时，政府职能的不到位和村民保护意识的薄弱，进一步加剧了这些问题的复杂性。在未来的发展中，杨桥村需要在保护传统文化的同时，积极探索新的发展路径，以实现经济、社会和文化的可持续发展。

第二节　杨桥古村落的价值体系建构

在当下运河文化备受重视以及乡村振兴战略全面推进的时代背景下，深入探究杨桥古村落的价值体系并进行科学建构，对其保护与可持续发展意义深远。本部分将从区域系统、空间系统、环境系统、水系系统、产业系统、文化系统这六个独特视角出发，深度剖析杨桥古村落所蕴含的价值特色，力求为后续制定切实可行的保护更新策略筑牢理论根基，精准指引方向。

一、杨桥古村落的区域系统

杨桥古村落位于江苏省常州市武进区前黄镇，其所处的地理位置在区域发展中占据独特地位。近千年的漫长历史使其积累了深厚的文化底蕴，而大运河文化的长期浸润，更为其增添了独特的文化魅力。

从区域规划理论来看，区域发展往往呈现出不均衡性，核心城市与周边乡镇在资源分配、发展机遇等方面存在差异，但同时也存在着相互依存、协同发展的关系。杨桥村所在的常州市，在"十四五"规划中明确了"国际化智造名城、长三角中轴枢纽"的城市定位，并加速推进"532"发展战略，全力打造长三角文旅中轴，旨在建设全国一流旅游目的地城市。这一宏观规划为杨桥村带来前所未有的发展契机。

在区域旅游发展格局中，杨桥村可凭借自身丰富的历史文化资源和独特的水乡风貌，与周边地区形成差异化发展，成为区域旅游的重要补充和特色节点。例如，常州大力发展的"悠闲山水""美丽乡村""康体养生"等乡村旅游产品，为杨桥村提供明确的发展方向指引。杨桥村可结合自身实际情况，开发与之相呼应的旅游项目，如打造以运河文化为主题的休闲体验游，将古村落的历史文化与现代休闲需求相结合，吸引更多游客前来观光体验，从而融入区域旅游发展的大格局中，实现自身的经济发展与文化传承。

从区域经济发展理论而言，区域内各要素之间相互作用和影响。杨桥村的发展不仅依赖于自身的资源，还与周边城市和乡镇的经济联系紧密相关。通过与周边地区的产业协同合作，如农产品加工与销售、旅游资源整合等，可以实现资源共享、优势互补，提升杨桥村在区域经济中的地位和竞争力，使其成为区域经济发展中的重要一环，进一步促进区域整体的繁荣与发展。

二、杨桥古村落的空间系统

杨桥古村落的空间系统是其历史发展和村民生活演变的生动体现。从历史发展的脉络来看，古村落空间的形成是村民依据自身生活和生产需求，不断改造和适应环境的过程。在这一过程中，空间形态逐渐演变，反映出不同历史时期的社会、经济和文化特征。

杨桥村在发展历程中，村域面积不断扩大，从 1984 年到 2007 年，经历了多次村落合并，人口逐渐增多，经济实力也逐步增强。如今，其呈现出"三浜四桥环五街"的传统空间格局，这种独特的格局是江南水乡空间形态的典型代表。

从建筑学和城市规划学的理论角度分析，其空间布局蕴含着丰富的智慧。街巷的走向与水系相互配合，既满足了居民的交通出行需求，又便于利用水系进行货物运输和生活用水供应。建筑的分布与朝向充分考虑了采光、通风和防御等因素，体现人与自然和谐共生的理念。例如，建筑多临水而建，不仅形成独特的水乡景观，还方便了居民的日常生活；这种布局也有利于在洪涝等自然灾害发生时，利用水系进行排水和疏散。

此外，这种空间格局还具有重要的文化意义。它是杨桥村历史文化的物质载体，见证了村落的兴衰变迁，承载着村民的集体记忆和归属感。不同区域的建筑风格和功能分区，反映当时的社会阶层结构和生活方式。在保护和更新杨桥古村落时，应充分尊重和保留这一传统空间格局，通过合理的规划和设计，使其在现代社会中继续发挥功能，同时传承和弘扬其蕴含的历史文化价值。

三、杨桥古村落的环境系统

杨桥古村落的环境系统涵盖了人居环境、景观环境和生态环境等多个方面，各要素相互关联，共同构成了古村落独特的环境特色。

在人居环境方面，杨桥村在 2008 年左右进行过一次规划，使得道路较为流畅通达，但仍存在一些问题。例如，从交通工程学的角度来看，道路平整度不足，影响了居民的出行体验和交通安全性，且大多道路仅满足了基本的通车需求，在设计时未充分考虑景观性和生态性，缺乏对道路与周边环境协调性的考量。例如，道路两旁的绿化植被单一，缺乏层次感和季相变化，无法形成优美的景观廊道。因此，后期需要对道路系统进行重新规划设计，综合考虑交通流量、行人需求、景观营造和生态保护等多方面因素，提升道路的整体品质。

在景观环境方面，虽然村内景观树存在被破坏的情况，未能形成多层次的景观空间和丰富的植物群落，但大片稻田为打造特色乡村景观提供了良好的基础。从景观生态学的理论出发，景观的多样性和复杂性对于生态系统的稳定性和生物多样性至关重要。杨桥村可借鉴现代景观设计理念，充分利用稻田这一独特资源，通过合理规划和种植不同品种的农作物，打造具有季节变化的稻田景观。另外，杨桥村还可以结合周边的水系、村落建筑等元素，营造出富有地域特色的乡村景观风貌，吸引游客的同时，也提升居民的生活环境质量。

在生态环境方面，杨桥村水系发达，大运河为其注入活力，水质相对清澈，但驳岸形式较为单一，垂直式驳岸不仅缺乏安全性，而且在生态功能上存在不足，无法为水生生物提供适宜的栖息环境。从水利工程和生态修复的理论来看，应采用生态驳岸设计，如采用缓坡式、台阶式驳岸，并种植水生植物，增加驳岸的稳定性和生态性。这样既可以保护水系生态环境，又能提升驳岸的景观效果，实现生态、景观和功能的有机统一。

公共生活空间及宅前屋后空间是杨桥村环境系统的重要组成部分，这些空间虽然具备一定基础，但各空间之间缺乏有效的联动，导致空间活力不足。宅前屋后的小菜园是杨桥村的特色之一，形成独特的村落风貌。在未来的发展中，应加强对这些空间的整合与规划，通过设置休闲步道、公共活动设施等，促进各空间之间的联系，提升空间的使用效率和活力。例如，对小菜园进行合理引导和规范，使其在满足居民生活需求的同时，也成为乡村景观的有机组成部分，体现乡村生活的质朴与和谐。

四、杨桥古村落的水系系统

杨桥古村落的水系系统是其生存和发展的重要基础，对村落的经济、文化和生态环境都产生了深远的影响。

杨桥村内有三条主要水系，分别是武宜运河支流、太滆运河支流和张仙浜（原名古南运河）。这些水系相互连通，形成"双丁字型"水系结构。

从水利学的角度分析，武宜运河和太滆运河作为区域骨干河道，对杨桥村的用水保障、防洪排涝起着关键作用。它们不仅为村落提供充足的生产生活用水，还在雨季时承担着排泄洪水的重任，保障了村落的安全。张仙浜贯穿古村落东西向，在历史上承载着交通运输、商业贸易等重要功能，是村落与外界联系的重要通道。例如，在古代，商船通过张仙浜将杨桥村的农产品运往外地，同时带回外界的物资，促进村落的经济繁荣。

从生态学的理论来看，这样的水系结构对于维持区域生态平衡具有不可替代的作用。水系为各种生物提供栖息和繁衍的场所，丰富生物多样性。水体的流动有助于净化空气、调节局部气候，并改善村落的生态环境质量。例如，水中的水生植物可以吸收污染物，释放氧气，对水质起到净化作用；水系的存在可以缓解城市热岛效应，使村落气候更加宜人。

水系也是杨桥村文化的重要载体。围绕水系形成的独特水乡文化，如水上运输、渔业生产、水乡民俗等，成为杨桥村文化的重要组成部分。在保护和发展杨桥古村落时，应充分认识到水系系统的重要价值，加强对水系的保护和治理，通过合理的规划和设计，进一步挖掘水系的经济、文化和生态潜力，实现水系与村落的和谐共生。

五、杨桥古村落的产业系统

杨桥古村落的产业系统目前呈现出传统与现代交织的特点，在发展过程中面临着机遇与挑战。

当前，杨桥村的产业发展相对受限，主要依赖传统农业种植、蔬菜种植和水产养殖等第一产业。从产业经济学的理论角度来看，这种单一的产业结构使得杨桥村经济发展较为缓慢，抗风险能力较弱。一方面，农业生产受自然条件影响较大，如自然灾害、气候变化等，容易导致农产品产量和质量的波动，进而影响农民的收入；另一方面，传统农业的附加值较低，缺乏市场竞争力，难以满足村民日益增长的物质文化需求。

造成这种现状的原因主要有两个方面：其一，人口大量流失导致劳动力短缺，使得农业生产难以实现规模化和现代化发展。年轻劳动力的外流，使得农村缺乏创新和发展的动力，传统农业生产方式难以得到有效改进。其二，杨桥村处于工业大镇边缘，虽然周边工业发展为其带来一定的市场机会，但由于自身产业基础薄弱，难以与工业形成有效的产业协同，导致在区域经济发展中处于相对劣势地位。①

杨桥村拥有丰富的文化遗产和独特的自然风光，这些资源为发展乡村旅游提供得天独厚的条件。从旅游开发与规划的理论来看，乡村旅游作为一种新兴的产业形态，具有巨大的发展潜力。它不仅可以促进农村产业结构的调整和优化，增加农民收入，还可以带动相关产业的发展，如餐饮、住宿、农产品加工等。杨桥村应充分利用这些优势资源，积极探索文化与产业融合的发展路径。

例如，可以将杨桥村的历史文化遗迹、民俗文化活动与乡村旅游相结合，开发具有特色的旅游产品。例如，打造以杨桥庙会、杨桥捻纸等非物质文化遗产为主题的文化体验游，让游客亲身参与到传统民俗活动中，感受杨桥村的独特文化魅力；利用杨桥村的水乡风光，开发休闲度假旅游项目，建设民宿、农家乐等旅游设施，为游客提供舒适的休闲环境。通过发展乡村旅游，实现杨桥村产业结构的优化升级，推动经济的可持续发展。

六、杨桥古村落的文化系统

杨桥古村落的文化系统是其灵魂所在，蕴含着丰富的历史文化内涵，涵盖了物质文化遗产和非物质文化遗产等多个层面。

在物质文化遗产方面，杨桥村拥有大量的历史建筑和文化遗迹，如明清时期的传统建筑、古老的桥梁等。这些建筑不仅具有精湛的建筑技艺和独特的艺术风格，还承载着杨桥村的历史记忆和文化传承。从建筑史学的角度来看，它们是研究江南水乡建筑发展演变的重要实物资料。例如，杨桥村的传统建筑采用了典型的江南水乡建筑风格，白墙黑瓦、飞檐斗拱，与周边的水系、田园相互映衬，形成独特的水乡景观。这些建筑的布局、结构和装饰都

---

① 臧晟．运河江南沿线杨桥古村落空间保护与更新设计研究 [D]．常州：常州大学，2023：104.

反映当时的社会经济状况、文化习俗和审美观念，对于了解古代江南地区的社会生活具有重要价值。

在非物质文化遗产方面，杨桥村拥有杨桥庙会、杨桥捻纸等。杨桥庙会是一种集迎神、娱人、敬香、集市贸易等于一身的综合性民俗活动，流传至今已有近千年的历史。它不仅是村民们的精神寄托，也是展示地方文化特色的重要平台。庙会上的舞大刀、舞马叉、踩高跷等民间文艺表演，融合民间舞蹈、杂技等多种艺术形式，具有浓厚的地域特色。杨桥捻纸作为一种传统美术，具有独特的制作工艺和丰富的文化内涵，其作品题材广泛，涵盖了生产民俗、民间故事、生活习俗等多个方面，反映杨桥村的乡村生活和人民的美好愿望。

从文化传承与发展的理论来看，这些非物质文化遗产是杨桥村文化的核心组成部分，它们以口传心授、行为传承等方式延续至今，体现了杨桥村人民的智慧和创造力。在现代社会，随着城市化进程的加快和外来文化的冲击，这些非物质文化遗产面临着传承的困境。因此，杨桥村应加强对非物质文化遗产的保护和传承，通过建立传承基地、培养传承人、开展文化活动等方式，让这些珍贵的文化遗产得以延续和发展。

杨桥村的文化系统还包括当地的传统生产生活方式、民间信仰等方面，这些文化元素相互交融，共同构成了杨桥村独特的文化景观。在保护和发展杨桥古村落的过程中，应充分挖掘和利用这些文化资源，将文化传承与经济发展相结合，通过文化产业的发展，提升杨桥村的文化软实力和影响力，实现文化与经济的良性互动。

第三节　杨桥古村落保护与更新的有效策略

一、杨桥古村落保护与更新的原则

在杨桥古村落的保护与更新过程中，确立科学合理的保护原则是确保其可持续发展的关键。这些原则不仅指导着具体的保护措施，还为未来的规划和发展提供方向。以下是四个核心保护原则的详细阐述。

（一）整体性保护原则

杨桥古村落的保护与更新应注重整体性，从多个层面和领域进行综合考虑。整体性保护原则强调不仅要保护村落的物质文化遗产，如古建筑、古桥、古街等，还要保护村落的非物质文化遗产，如民俗文化、传统技艺等。物质文化遗产是村落历史的见证，而非物质文化遗产则是村落文化的灵魂。通过整体性的保护，确保杨桥古村落的历史文化价值得以完整传承。

整体性保护要求传统村落在保护过程中，不仅要关注单体建筑的修复和维护，还要注重村落整体空间的保护。例如，杨桥古村落的古街巷、古桥和古建筑之间形成独特的空间关系，这些关系不仅体现江南水乡的建筑风格，还承载着村民的生活记忆。因此，在保护过程中，应尽量保持这些空间关系的完整性，避免因局部改造而破坏整体风貌。

非物质文化遗产的保护同样重要。杨桥古村落拥有丰富的民俗文化，如杨桥庙会、杨桥捻纸等，这些文化活动不仅展示了杨桥人民的生活方式，还体现了他们的精神风貌。保护这些非物质文化遗产，需要通过传承人培养、文化活动举办等方式，确保其传承和发展；还可以通过建立非物质文化遗产展示馆、文化活动空间等方式，为非物质文化遗产传承提供平台，促进其与现代社会的融合。

（二）动态适应性原则

杨桥古村落的保护与更新应注重动态适应性，根据村落的实际情况和发展需求，制定灵活的规划模式。动态适应性原则强调在保护传统风貌的基础上，合理引入现代元素，提升村落的居住环境和生活条件。同时，要预测村落生态环境和产业发展可能遇到的变动，构建具有动态适应性的有效机制。

动态适应性原则的核心在于平衡传统与现代的关系。杨桥古村落虽然具有深厚的历史文化底蕴，但也不能忽视现代生活的需要。例如，在改善村落的基础设施时，可以在保持传统建筑风格的基础上，引入现代化的设施，如污水处理设施、照明系统等，提升村民的生活质量。同时，要注重保护村落的生态环境，避免因现代化建设而破坏自然景观。

动态适应性原则还要求传统村落在规划过程中，充分考虑未来可能遇到的挑战。例如，随着人口结构的变化和经济的发展，村落的产业结构和生活方式可能会发生变化。因此，保护与更新规划应具有一定的灵活性，能够根据实际情况进行调整。例如，可以预留一定的空间用于未来的产业转型，如发展乡村旅游、文化创意产业等，以适应未来的发展需求。

（三）可持续、渐进式的发展原则

杨桥古村落的保护与更新应遵循可持续、渐进式的发展原则。可持续、渐进式的发展原则强调在保护村落历史文化遗产的同时，注重村落的经济发展和社会进步。通过合理的产业规划和布局，提升村落的经济活力，改善村民的生活水平。同时，要注重生态环境的保护，实现村落的可持续发展。

可持续发展是保护与更新的核心目标。杨桥古村落的保护与更新不仅要关注短期的成效，更要注重长期的可持续性。例如，在发展乡村旅游时，应避免过度开发，注重生态环境的保护，确保旅游资源的可持续利用。同时，要通过发展特色农业、文化创意产业等方式，提升村落的经济活力，增加村民的收入。

渐进式发展则是实现可持续发展的有效途径。杨桥古村落的保护与更新应分阶段进行，逐步实现目标。例如，可以在初期阶段重点修复古建筑和古街巷，改善基础设施；在中期阶段，发展乡村旅游和文化创意产业，提升村落的经济活力；在后期阶段，注重生态环境的保护和村民生活质量的提升，实现村落的可持续发展。

（四）以人为本原则

杨桥古村落的保护与更新应坚持以人为本的原则。保护与更新的最终目的是提升村民的生活质量，因此要充分尊重村民的意愿和需求，调动村民的积极性和主动性，如通过改善村落的居住环境、提供就业机会、丰富文化生活等方式，让村民在保护与更新中受益，增强村民对村落的归属感和认同感。

以人为本原则的核心在于关注村民的需求。在保护与更新的过程中，应充分听取村民的意见和建议，尊重他们的意愿。例如，在规划基础设施建设时，可以组织村民参与讨论，确保建设内容符合村民的实际需求。同时，可以通过提供就业培训、创业支持等方式，为村民创造更多的就业机会，提升他们的收入水平。

丰富村民的文化生活也是以人为本原则的重要体现。杨桥古村落拥有丰富的民俗文化，可以通过举办文化活动、建立文化中心等方式，让村民更好地了解和传承这些文化；通过改善村落的居住环境，提升村民的生活质量，增强他们对村落的归属感和认同感。

总之，杨桥古村落的保护与更新是一个系统工程，需要综合考虑历史文化遗产的保护、人居环境的提升、产业结构的优化和文化遗产的传承等多个方面。通过科学合理的保护与更新原则，可以实现杨桥古村落的可持续发展，使其成为具有历史文化价值和现代生活品质的美丽乡村。

二、杨桥古村落保护与更新的具体策略

（一）空间布局优化策略

在继承传统格局的基础上，根据资源现状进行分区保护，是杨桥古村落历史文化价值的重要体现。因此，应当承袭并保护杨桥古村落的传统格局。依据村落的资源现状，可以将村落划分为主要保护区、建设控制区和环境协调区三个部分。主要保护区包括杨桥古镇及相邻的庄基村、前朱家场村、后朱家场村等，这些区域应严格保护历史文化遗产，禁止任何破坏性建设。建设控制区主要是为了提升村落的空间利用率，可以在保护传统风貌的基础上，适度进行现代化建设。环境协调区主要是指村内的自然景观和生态环境，应注重保护和提升，以满足新时代人们的审美和观赏需求，从而营造出和谐的人居环境。

针对杨桥古村落用地布局分散、土地利用效率较低的问题，需要通过合理的规划和设计，优化村落的空间结构。可以通过调整用地布局，将大型地块进行分割，增加村落的功能性和美观性。例如，将稻田区域划分为不同主题，为儿童、学生、村民、游客等不同人群设计更适合他们游览的区块。耕地区域可以划分为"有机蔬菜园""精品水果园""农业体验园"等，以满足不同人群的需求，同时促进农业与旅游的融合发展。

协调人地关系，加强运河保护区的建设，对于杨桥古村落来说至关重要。作为大运河沿岸的古村落，运河保护区的建设尤为重要。应加强对村内水系的保护和治理，提升运河沿岸的景观风貌。可以通过建设亲水平台、游览木栈道等方式，拉近人与运河的距离，提升村落的吸引力。要注重保护运河的生态环境，防止污染和破坏，确保运河的生态功能和历史价值得到有效保护。

（二）人居环境提升策略

针对杨桥古村落水系的重要组成部分，进行全面的综合整治是必要的。可以通过清理河道、修复驳岸、种植水生植物等方式，提升水系的景观质量和生态功能。要注重保护水系的自然特征，减少人工干预，保持水系的原生态风貌，让水系成为村落的一道亮丽风景线。

杨桥古村落的乡村容貌是村落形象的重要体现，应进行提升整治。可以通过改善乡村道路、提升建筑立面、增加绿化景观等方式，提升村落的整体风貌。同时，要注重保护村落的传统建筑和历史风貌，避免过度现代化导致的风貌破坏，确保村落的历史文脉得以延续。

针对杨桥古村落基础设施较为薄弱的现状，应进行增设和完善。可以通过建设公共厕所、增建便民服务设施、提升污水处理设施等方式，改善村民的生活条件。要注重基础设施的美观性和实用性，使其与村落的整体风貌相协调，提升村民的生活质量。

（三）产业结构优化策略

杨桥古村落应推行"三产融合模式"，将农业生产、加工、销售与旅游、文化等产业相结合，延长农业产业链。可以通过发展稻田旅游、稻田文创、特色农产品加工等方式，提升农业的附加值，增加村民的收入。要注重产业的可持续发展，保护生态环境，实现经济效益与生态效益的双赢，为村民带来实实在在的好处。

杨桥古村落应发展"乡村旅游模式"，将农业与旅游、文化等产业相结合，拓宽农业的功能性。可以通过举办乡村旅游活动、开发乡村旅游产品、建设乡村旅游设施等方式，吸引游客前来观光、休闲、体验。要注重乡村旅游的品质和特色，提升游客的满意度和回头率，让乡村旅游成为推动村落经济发展的重要力量。

（四）文化遗产传承策略

杨桥古村落应加强对文化遗产的普查与挖掘工作，全面了解村落的文化遗产资源。可以通过组织专业人员进行调查、整理和记录，建立文化遗产档案，为文化遗产的保护和传承提供科学依据。普查与挖掘工作是文化遗产传承的基础，有助于发现和保护那些可能被忽视的文化遗产。

根据文化遗产的类型、现状和需求，杨桥古村落应制定合理的保护措施。对于物质文化遗产，如古建筑、古桥、古街等，应进行修复和保护，确保其历史风貌和文化价值得以有效保护。对于非物质文化遗产，如民俗文化、传统技艺等，应通过传承人培养、文化活动举办等方式，促进其传承和发展。

杨桥古村落应优化非物质文化遗产的生产传承方式，提升其传承效果。可以通过建立非物质文化遗产展示馆、非物质文化遗产活动空间等方式，为非物质文化遗产传承提供平台。要注重非物质文化遗产的创新和发展，使其更好地适应现代社会的需求，让非物质文化遗产在新时代焕发新的活力。

第四节　杨桥古村落空间保护与更新实践

一、杨桥古村落设计实践区域范围

此次设计选取杨桥村及其下辖的后朱家场村、北堰村、湾渎村三个自然村（均属于杨桥村村民委员会的管辖范围），规划面积约为 32 公顷。这三个自然村在整个杨桥村的中心，紧挨杨桥古镇与杨桥老街，距杨桥村村民委员会约 500 米。地块周边交通便捷、田地规整、地势平坦。村内水系丰富，部分建筑白墙黑瓦，且有大面积稻田，是典型的江南水乡缩影。

二、杨桥古村落总体规划设计

在宏观层面上，本文依据《常州市杨桥古村落保护发展规划》《常州市乡村旅游发展规划（2017—2030）》《常州市杨桥历史文化名村保护规划》《常州市村庄规划编制细则》等规划要求，并结合空间句法对杨桥村的空间结构进行分析，结合村落所属大运河江南沿岸区位的特点，融入"诗意江南，水墨杨桥"的设计理念，将其总体规划为布局合理、生态宜居、产业兴旺、文化丰富的美丽乡村。

在具体设计上，从"诗意江南，水墨杨桥"理念中对应的"小桥流水""白墙黑瓦""田园村舍""产业欣荣""民俗风雅"入手，设置古建观赏区、稻田景观区、乡村大舞台、"有稻里"书屋、"稻是好市"集市、果林谜境、"流浪青蛙"邮局等 24 个游乐节点。

（一）明确古村落的功能分区

从整体看，此次设计选取的三个自然村中的后朱家场村与杨桥古镇仅一门之隔，因此可以起到传承与过渡古镇文化的作用。尽管杨桥古镇一直坚持不开发的原则，但是古镇内很多文化已经消失，很多历史建筑已经被民居替代或者因无人管理而倒塌。因此，可以将一些文化活动转移到自然村内，让文化得以重放光彩，所以该自然村的主题可以划分为历史文化区。北堰村四周地势平坦，以南是生机勃勃的稻田，以北是缓缓流淌的运河水，视域空间较为丰富，营造了一幅惬意的田园观赏图；湾渎村内，运河水系穿村而过，大运河为村落带来发展的机会。所以，可以将这两个自然村划分为运河风采区。

围绕大的主题及空间句法对场地及主要流线的规划分析，可将三个村落细分为文化过渡区、运河景观区、稻田规划区、果蔬种植区、露天娱乐区等9个功能空间。

（二）规划古村落的交通流线

结合村落道路的现状，对杨桥村交通流线进行规划设计，分为主要道路、次要道路、市政道路及建筑入户道路，其中主要道路主要是车行道路，次要道路主要是居民行动线路，并在此基础上规划出最优的游览线路。

（三）规划古村落的景观节点

通过对所选区域周围的自然环境、人文环境、服务设施等进行综合评估，并结合前期空间句法的空间整合度分析，确定景观节点规划设计的定位及功能，所规划区域的两大环境要素为大运河与稻田，以此将该区块划分为八大主要景观节点、六大次要景观节点，在满足功能需求的同时也考虑现实美观与舒适的体验。

三、杨桥古村落优化设计成果

（一）杨桥古村落的空间布局整治

1. 对资源现状分区保护设计

（1）将后朱家场村作为主要保护区

后朱家场村是以"朱"姓氏形成的自然村，村内建有朱氏祠堂，有浓浓的宗族气息。该自然村靠近杨桥古镇，村内仍有一部分明清时期的建筑，如朱氏老宅、福星亭等，但由于该类古建筑处在街区边缘，每天有大量车辆和行人通过，且有车辆停在门口，尽管贴牌保护，但是不注意很难被人发现，因此在保护上存在一定的难度。

对于该自然村的规划应该重点保护村内的历史人文气息，由于该村落的建筑群体并不多，所以在整体上可以改造为白墙黑瓦的风貌，在靠近中心广场的区域有一块较为聚集的建筑群，整体呈方块状，且建筑群附近留有空地，因此可以将此地块改造为一片古建筑观赏区，打响杨桥村作为历史文化名村的招牌。

从空间选择的分析可得知该自然村的南闸线段人流通行量较高，这也对村落文化起到流通的作用，该村可作为乡村观光的入口，使该地段"活起来"。活起来的关键就是留得住人，因此可以在中心广场旁的空地专门设计乡村大舞台，乡村大舞台的作用除了可以让村民的生活更加多姿多彩，也可以对该区域起到气氛烘托作用。更为重要的是，乡村大舞台可以将杨桥古镇内遗失的戏曲文化搬到大众面前，更有利于乡村文化的保护与发扬。

（2）将湾渎村划分为建设控制区

建设主要是为了将该自然村的空间利用率提高，吸引游人通行，弥补空间可达性较低的问题，而控制主要是为了维护和保障自然资源及生态环境，这是一种保护生态环境和文化资源的重要手段。湾渎村紧邻太滆运河支流，该水系穿村而过，在更新空间用地、提升大运河沿岸空间利用率的同时，也需要有一系列的限制措施和管理规定，保护大运河文化以及生态环境。

通过实地调研发现，湾渎村内运河沿岸没有任何处理，运河与沿岸居民、建筑、景观之间也缺乏关联性，加上沿岸植被的无序种植，导致有的路段在路过时甚至无法看到运河水，想要推动村内运河文化与田园气息融合，打响运河村的口号，在后期对运河两岸空间的规划十分重要。

湾渎村内运河水系较窄，因此大面积建设亲水驳岸的可行性较低，想要拉近人与运河的距离，先需要对大运河沿岸景观带进行设计，将运河沿岸的土路改铺为游览木栈道，满足行走时人们视觉上的享受。

（3）将北堰村作为环境协调区

乡村环境协调区是指在城乡一体化发展中，为了提高乡村生态环境质量和乡村区域可持续发展水平，对乡村环境进行规划、建设、管理和保护的一种区域。北堰村就是最具代表性的环境协调区，该区域有大面积的稻田、耕地、果园、菜地。对该区域的保护就是注重对原始风貌的保护，不大拆大建造成场地的破坏，而是通过该地块已有的资源进行规划。例如，北堰村最具代表性的资源是大面积的稻田，那在后期的设计中应该将稻田文化景观融入设计，营造独特的田园风貌，确保乡村的可持续发展。

2. 优化古村落空间布局设计

调整乡村用地布局是指重新规划和分配乡村土地的用途和空间布局，以实现更加合理有效地利用乡村用地资源。优化空间布局意味着通过合理的规划和设计，提高乡村地区空间利用的效率和可取性，促进村落的可持续发展。在北堰村的整个规划区域中，需要调整规划用地布局的第一大地块是稻田，第二地块为北堰村内种植果蔬的耕地。这两块区域的功能性较为单一，且村内地势平坦，耕地面积较多，容易让人产生审美疲劳，也让该地块丧失了更多的功能，因此需要将大型地块进行分割，一方面可以方便人群通行，另一方面更容易带来经济效益，空间结构也会更加丰富和完整。例如，稻田区域可以划分为不同主题，为儿童、学生、村民、游客等不同人群设计更适合他们游览的区块；耕地区域可以划分为"有机蔬菜园""精品水果园""农业体验园"，以此既可以达到分流的作用，又可以满足不同人群的需求。

3. 加强运河保护区建设设计

作为大运河江南沿岸村落，运河保护区的建设尤为重要。首先，杨桥村整体要做好运河保护区的建设，对村内的水系进行以"河畅、水清、岸绿、景美"为主题的整体性设计提升。其次，在湾渎村内，更要做好乡村源头水系的综合治理。通过观察可以发现，杨桥村内大部分河道较窄，且沿岸多为繁茂的竹林，虽有几个码头通向水系，依旧很难观看到大运河的整体风貌，运河沿岸的村民养鸡鸭等家禽或者洗衣洗碗，这大大拉低了大运河的颜值，也制约了大运河的发展。走在岸边很难领略大运河的风采，所以要加强村内运河文化建设，需要以湾渎村为建设重点，以点带面地弘扬运河古村的主题。

运河以南的湾渎村区域整合度相对较高，且在靠近湾渎桥地块的水系较宽，在此可以增设一个亲水平台，以拉近人与运河的距离，拓宽该区域的视野。走在沿岸，可以将大运河的风采尽收眼底，在平时一些零售小贩可以在此进行摆摊，在特殊节日也可在此举行"运河烟花秀"节目，为该自然村积聚更多的人流量，也更有利于传承大运河文化。

（二）杨桥古村落的人居环境提升设计

改善乡村人居环境是一项系统工程，涉及面广、内涵多、挑战大，既是一项长期的工作，也是一项长期的斗争。江南运河沿岸村落要深入实施乡村人居环境整治行动，从根本上改善乡村人居环境质量，为整体推进乡村振兴、加快乡村现代化、建设美丽中国提供有力支撑。

1. 乡村水系处理设计

在江南运河沿岸杨桥古村落的河道提升过程中，河道驳岸的治理也应同步进行。河道的洁净是最基本的，但更为关键的是要强化村落与河道的关系，增强人与水系的相互作用，并对河道两岸进行更为合理的整治。杨桥村内所有河流均连通着大运河，所以其受水质污染的影响比较小，因为河流是流动的，其自身还具有调节、过滤、排水等功能，所以不应该过多地干涉水系，而应该以河流两侧为重点，以更新和活化为主。

鉴于河道两边主要是人行道，从绿色生态的角度出发，可以用一些透水性好的铺装，如透水砖、植草砖等代替两边的泥路，使两边的透水效果更好，雨水能够快速下渗，减少对河道的影响，同时改善水质，降低噪声。水中植被应采用耐旱、耐涝、清洁效果好的植物组成，如芦苇草、浮萍等，但应控制其比例，不宜过多，以免影响水面的美感和水体本身的反射，以达到景观美学影响和水体净化之间的平衡。

其中，湾渎村以西的水系相比村内较为宽阔，水系周围是空旷的田地，所以在设计中，除了对水系进行治理，对周围的环境也进行了景观美化，并种植荷花、睡莲等水生植物增强了美观性也提高了净水能力。

北堰村内的水系一条与湾渎村相连，另外两条是后期形成的水塘。其中，与湾渎村相连的水系与当地的地形形成拐角，经过后期景观的营造加深了水系周围幽远空灵的感觉。自然村内后期形成的水塘水质较为清澈，但是水系周围的古建筑已经破损，道路较窄且为普通土路，沿岸植被也较为缺乏，一旦下雨道路就会变得泥泞难以通行，也会对沿岸建筑造成破坏，不利于乡村风貌的营造。针对这种情况，首先对水系周围的植被进行配置美化，其次将水系沿岸的道路铺装改为植草砖，将周围建筑进行小规模的风貌整治，将斑驳的建筑侧面进行白色粉刷并绘制江南小镇主题的水粉墙绘，与沿岸的古建筑交相辉映，贴合"诗意江南，水墨杨桥"的主题。

后朱家场的水系从杨桥古镇的古南运河延伸而来形成分叉注入乡村，该区域的水系在村落入口处，河道相对较宽，并且周围的居民较多，所以沿岸已经成为村民的菜地，暂时没有开发的沿岸植被也较为荒芜杂乱，所以在该自然村的水系整治中更要注重对沿岸的菜地进行风貌重建，形成水田交映的乡村景观。在休闲活动方面，必须充分考虑河两岸的活动因素，创造良好的步行空间。在功能环境方面，要保证休闲活动的需求，强调绿化景观与功能的结合，考虑到游客和居民的不同活动，如散步、观光、健身、垂钓等。后朱家场村的河道相对较为宽阔，因此可以打造亲水平台以供休闲垂钓和休闲观景。

2. 提升村容村貌设计

（1）整治乡村道路

乡村道路建设，从"通村""通组"到"通户"，是致富的必由之路。杨桥村内道路顺畅，连通性强，所规划区域主要通行道路呈"井"字形分布。对杨桥村的主要车行道路进行黑色化建设，打造一条"畅、安、舒、美"的风景线，这对百姓而言，出行方便，提升幸福感；对家庭而言，更方便家庭沟通团聚；对乡村而言，提升人居环境，改善村容村貌；对杨桥镇政府而言，可以形成以人为本，执政为民的政府形象。前杨线两段及运西路与南闸线四条道路的可达性最高，稻田间的道路也是进村的必经通道，因此最需要进行风貌提升的路段为以下五条：

前杨线西段道路宽为7米，该路段连通后朱家场村与湾渎村一直到村落的次入口，沿该路线可达禹家桥村，该道路整体是水泥路铺设，现已存在边缘破损的情况。该路段在北堰村旁有个拐角，这里是北堰村与湾渎村的交界处，此处是进行设计的重要节点，在进行道路黑色化的同时，充分利用路边墙体的纽带作用，增加建筑墙绘，增强沿线的文化性。

前杨线中段宽为8.5米，该流线地处后朱家场村与北堰村的中心，并以此为界限将两村分开。该流线一侧为18亩的蔬菜大棚，另一侧为大面积的果园稻田景观，因此对该流线及沿线景观进行设计十分重要。道路与耕地之间仅为一排稀疏的球形灌木和香樟，对旁边的耕地起不到隔断的作用，造成游人审美上的断层，且路面有修补扩宽的痕迹，非常不美观。在设计时，首先就是要对路面进行整体黑色化处理，再改种果树或者花木，这样既不会因为增长过高过大影响通行视线，后期也不需要大修大剪造成风貌的破坏。

运西路贯穿三村，更是杨桥村的老街，聚集了较多的商铺。该道路宽约7米，风貌相对较好且路面平整，道路沿线的植被采用了本地树种——杨树。杨树适应性强，秋季开车经过杨树小道，金黄的树叶与远方金灿灿的稻田交相辉映，形成独特的田园氛围。

南闸线路段一侧是后朱家场村，另一侧为杨桥古镇入口，且该路段连接规划区域的中心广场，因此该路段需要重点规划。该路段与村民的住宅区域相连，且路段沿线有古建筑，因此在对该路段进行设计时，需要充分考虑沿线村民的意愿，合理划分道路两侧的白线，将道路与建筑进行较为规范的划分从而避免乱停乱放现象的产生。

对于稻田间的小路，为了增强该路段的美观性，将土路改为青石板路，让该路段更具乡野性。此外，也对稻田进行分区规划，新增田埂道路铺设，让游客更易穿行。

（2）建筑墙绘绘制

通过建筑外立面墙绘，提升建筑艺术性。在传统建筑的外墙翻新中，如果有裂缝和不完善的地方，通常会用灰泥和密封剂进行处理，然后再涂上灰泥。如果仔细观察，仍然可以看到一些修复的痕迹。为了改善建筑物的外观，可以对外墙重新进行粉刷，用鲜艳的颜色覆盖修复痕迹，从而分散人们的注意力。

在彩绘节点的选择上，要注意选取适当的场地进行绘画，避免造成浮夸烦琐的问题。根据墙绘的作用，选择村庄中需要墙绘的区域，如政策类和广告类的墙绘可以画在村庄的入口处、主干道沿线及其他人流密集的地方；有趣的墙绘可以放在微型花园里，或者与村庄的池塘、水池结合起来，创造出生动有趣的景观，与周围环境的整体结合往往可以达到更好的视觉效果；扮演滑稽角色的墙绘往往被选择绘制在损坏和修复后的墙壁上，也可以与微型保护区结合起来，创造趣味。

在彩绘题材的选择上，应具有多样性，杨桥村内一部分建筑已有墙绘的喷涂，但主题过于单一且分布零散，并没有让墙绘的意义得到发扬。

结合村内历史人文，墙绘主题可以参考三点：一是稻田理想。展示乡村日常劳作生活，用稻田捕鱼、水田耕作等题材展示乡村美好的人文环境，唤醒村民对乡村浓浓的归属感。二是运河风光。将大运河风采与江南独特的建筑和桥梁进行融合,展现大运河江南段独特的韵味。三是精神向导。绘制红军长征、勤学苦练、反哺之恩等景象,唤醒人们心中浓浓的家国情怀。

乡村风貌的提升,仅仅依靠修缮和新建是无法解决根本问题的,要整体提升乡村风貌,还需要依靠相对性的景观配置来增强氛围感。实地调查发现,村子周围的许多地方杂草丛生,绿色覆盖较少,开花植被更少,乔木和灌木搭配不均,导致外观单调,缺乏特色。

所以在设计中,应该利用景观绿植的搭配来带动空间整体风貌的提升。例如村内的废旧建筑,应该先对其进行翻新处理,并在其周围配置与之相应的景观,增加空间的幽深感,然后是植物配置杂乱无序的入村通道,应该整体性种植,选择当地树种——竹子为植被进行种植,营造运河旁"竹林小径"的特色。

(三)杨桥古村落的空间优化设计

1. 宅前屋后空间的营造

宅前屋后空间是一个与居民生产、生活密切相关的场所,其内部功能组织应以保留杨桥传统院落形态为基本原则,同时结合村民生产、生活方式的转变,满足新的需求。当前的居民宅前屋后空间布局忽视景观营造,以实用、便捷为主,所以大部分还是以竹篱笆和钢丝铁线为主,经过长期风吹日晒,围栏已经倾倒,造成空间的杂乱。所以在规划设计中,以青砖与瓦片代替竹篱笆,增强围栏的使用寿命,让空间风貌更加统一。

为了展现运河沿岸村落的特点,以瓦片元素与青砖融合,形成类似运河水缓缓流淌的波形砖,另一种形式为工字砖。在湾渎村内主要用波形砖,因为该村落紧邻运河,其余村内主要运用工字砖。

2. 娱乐空间改造

所规划区域的健身广场位于湾渎村内,广场面积约为360平方米。该广场处于民居之间,村民出行需要穿过整个健身广场,广场上的健身器材阻碍通行。在规划设计中,首先需要将广场重新规划,在靠近运河沿岸的地方铺设出一条通道,方便人们正常穿行;其次在广场上建设一个休闲廊架,不仅可以给平时健身的中老年群体提供一个休息的平台,还可以给路过的游人一个驻足的节点,在此观赏运河沿岸的风景,感受村内的大运河文化。

3. 智慧停车驿站的建造

村内现有一块公共停车区域，占地面积较大，所以也是杨桥村的中心区域。因为该区域邻近杨桥古镇，除了需要满足私家车停靠外，还需要考虑旅游大巴的停车需求。在对该停车区域设计时，首先要考虑停车分区的规划，画出辅助流线，避免造成剐蹭事故；其次是注重场地绿植的搭配，可在边缘选择冠径较大的绿植，以达到遮阳的效果。

村内共享单车停车场，在该停车场内设计共享单车停车位及多人自行车停车位。该区域选址在前杨线（稻田边缘），在这里增设共享单车停车区主要是为了满足前来游玩的游客，有些儿童或老年人无法徒步走完整个规划区域，就可以扫码骑车，这不仅考虑了更多人群的需要，也将乡村旅游推向不同年龄段的人群。

根据实地调研发现，所规划区域的公共设施较为简陋，没有明显的村口标识和导向牌。有些使用常规的垃圾箱，既不干净又难闻，而且不能满足当前的垃圾分拣标准，且还是普通的灰黑色，与周围环境不相符。有的有三个独立的垃圾桶，以示垃圾分类，但村民很少注意，垃圾扔得到处都是。乡村的基本建设相对落后，许多公共服务不够健全，给农民的日常生活带来极大的不便。所以，在设计中应对标识系统及垃圾箱点位进行增补及设计。

4. 建立入口标识系统

村内的标识系统主要有三大类：一类是各自然村的出入口标识，一类是杨桥村主次入口标识，还有一类是乡村旅游导览牌。

在标识设计上，以杨桥古镇内南杨桥为取景点，融合建筑、运河水、桥梁的元素，最后以黑白的形式呈现，将该标识应用于标识系统，并在各个入口增设，达到引导的作用。

（四）杨桥古村落的产业结构优化设计

1. 三产融合模式设计

三产融合是指要推进农业生产的规范化，使第一产业变得更好；大力发展初级加工和精细生产，壮大第二产业；做好旅游和文化的结合，把第三产业搞大。通过生产、加工和销售，农业、文化和旅游的整合，有助于推动特色产业可持续和稳定的发展。①

杨桥村的第一大物产是水稻，主要有糯稻、粳稻、杂交稻等。糯稻米光滑，颗粒完整，略呈圆形，脱壳后称为分层米，又称江米，外观为不透明的白色。杨桥村可以建立立体种植栽培、大米深加工、稻田旅游、稻田文创等进行一、二、三产业融合，并与当地农民合作，发展水稻种植业。大米不仅可以端上居民的餐桌，还可以在当地制作年糕、八宝粥、各种甜品和甜米酒等特色产品。

杨桥村有大片桃园，因此在特色产业规划中，可以打造"致富桃""幸福桃"的特色标签。通过第二次土壤普查，镇域土壤分布水稻土、沼泽土、潮土。其中，水稻土非常适合种植桃子，所以杨桥村的桃子外观粉红诱人，枝条短，坐果率高，基本不需要修剪枝条，产量高，种类也很多样，如水蜜桃、油桃、五月桃等。一个一个的桃子经过清洗、分类和多次装箱，从按串卖到按箱卖，也可以在发展冷链仓储和深加工等部门的同时，在乡村旅游领域作出贡献。

杨桥村还有大量的种植类与畜牧类资源，将资源加以整合，以三产融合的模式，延长杨桥村的农业产业链。

2. 乡村旅游模式设计

根据常州旅游市场的特征，结合旅游开发的深入和品牌打造影响等因素，将杨桥村的旅游市场做三级划分。一级市场主要是周边乡镇及常州市区，满足杨桥村周边乡镇及常州市区居民对文化休闲的体验需求。二级市场为常州周边城市。杨桥村地处常州、无锡交界处，常州周边城市居民的周末度假休闲，未来将成为其主打市场。三级市场为长三角地区及相邻省份，随着旅游产品开发的深入，追求民俗、文化、度假、休闲、养生等综合体验的长三角地区及相邻省份游客的需求将成为其市场。

针对所规划区域的乡村旅游业发展，不仅可以从整体进行规划，也可以从三个自然村各自的风格及资源进行细分。

（1）杨桥古村落旅游资源分析

从区域旅游资源来看，杨桥村与常州太湖湾旅游度假区、西太湖生态休

---

① 臧晟. 运河江南沿线杨桥古村落空间保护与更新设计研究 [D]. 常州：常州大学，2023：104.

闲区、无锡马山景区、宜兴阳羡景区交通联系便捷，并处于中心位置，周边旅游景点众多，在旅游产品类型上具有共轭性，为杨桥村融入区域旅游发展奠定基础。

从村域旅游资源来看，杨桥村江南传统水乡风貌浓郁，传统建筑分布集中，地域文化底蕴深厚，拥有种类丰富的非物质文化遗产和特色鲜明的风土人情。因此，杨桥村旅游资源较为优越，既有观赏类资源，也有体验类资源和特色产品，具备旅游发展的潜力。

（2）杨桥古村落旅游项目策划

基于杨桥古村落传统资源现状，打造杨桥个性化旅游项目。规划基于古村落体验旅游产品原真性、互动性、独特性、生态性和多样性的原则，根据不同年龄段、消费需求及游览时段，组织多样化活动，以满足观光、休闲、养生、文化探寻等多种体验需求。

恰当的主题活动能够充分体现杨桥村旅游资源特色，渲染古村落情景氛围，使游客充分理解杨桥本地文化，提高游客的参与性、互动性，成为古村落旅游的亮点。

（3）重要景观节点策划

后朱家场村的主题为历史文化村，在这里，一共有6大景观节点，分别为朱氏祠堂、垂钓平台、古建游览、中心广场、村民舞台、杨桥美食汇，节点布局较为流畅。

其中，杨桥美食汇节点在中心广场的西部，该地块原为杨桥小学，小学拆建后该区域仅有两栋民居且无人居住，所以可以对该地块进行规划设计。在该区域的集市上可以买到很多杨桥的精品水果及美食，如杨桥面、东坡饼、豆炙饼等。

北堰村的主题为田园观赏村。从空间句法的分析可以看出该区域的可达性最高，整合度最高，最容易积聚人群，所以在规划设计中应该多增设节点以增强该村落的趣味性。在该村落的旅游线路规划中，主要分为两条路线：一是田园风情游，该轴线可达"有稻里"书屋、"流浪青蛙"邮局、杨桥中转站等节点，以观赏娱乐为主；二是田园体验游，该轴线可达精品果园、有机蔬菜园、亲子采摘园等节点，以动手体验为主。

（五）杨桥古村落的文化遗产传承设计

1. 杨桥古村落运河文化的传承

以"大运河＋杨桥庆典"，更新文化传承方式。目前，杨桥村内水系较为丰富，但是村民对水系的认知程度较低，他们并不清楚村内水系与大运河的关系，也没有意识到运河文化遗产传承的重要性，导致村内水系被消极利用，要对运河文化遗产进行传承，必须贯彻"活态、生态、动态"的保护和发展理念，挖掘与大运河有关的典故。此外，杨桥村的运河文化还可以通过表演和戏剧来表达，以创造一个多元的旅游体验，吸引游客，传承传统文化。例如，杨桥村内的杨桥庙会，有一个重要表演节目就是康熙出行，由村民扮演的"康熙皇帝"在船上一路前行，正是再现了康熙皇帝曾经沿大运河六下江南的场景，与运河息息相关，也让前来观光的游客知道了杨桥村也是独具特色的大运河江南沿岸的古村落。此外，还应以大运河为统一的主题打造民俗活动，举办类似运河婚礼相关的民俗庆典。

以"大运河＋杨桥古镇"，丰富文化传承内容。提到杨桥，第一反应就是杨桥古镇，人们往往忽视了杨桥村内的大运河文化，可以将古镇与大运河相结合，打造运河沿岸的"怀旧"江南城，并将其与大运河沿岸焦溪古镇、奔牛古镇串联，形成运河常州带专项旅游体系。

以"大运河＋传统节日"，拓宽文化传承思路。为了保护中国传统节日及节日的习俗活动，可以将村内的活动与之相结合。例如，端午节赛龙舟，可以与乡村水上泛舟活动相结合，形成杨桥赛龙舟活动；元宵节放孔明灯与看灯会，可以与乡村运河边祈福的主题相结合，形成杨桥放水灯活动。

2. 杨桥古村落文化遗产的传承设计

为了确保杨桥古村落民俗文化遗产的延续，必须从物质和非物质文化元素两方面保护民俗资源，其中，物质遗产主要以保护和展示为主，非物质文化遗产必须通过人们可以参与和互动的社会活动空间来推广。所规划区域内的物质文化遗产主要是明清时期的历史建筑，如桥梁、码头等，在规划中通过对古建筑风貌修复、古树移栽功能重生的方式对物质文化进行保护，通过乡村历史文化游的方式对村内的物质文化遗产进行展示，但对非物质文化遗产的保护与传承仍需努力。首先，要对杨桥村内的非物质文化遗产进行整合。然后，在此基础上思考传承的方式。

（1）增设非物质文化遗产展示空间

增设非物质文化遗产展示馆。主要用于展示杨桥捻纸、杨桥竹刻等以工艺品形式呈现的非物质文化遗产，同时展示与杨桥非物质文化相关的物品、资料等。建议选择一到两处传统建筑专门用于非物质文化遗产展示，如后朱家场村内的古建修复区，让建筑继续发挥功能性。

（2）增设非物质文化遗产活动空间

可以在乡村大舞台、运西路段、杨桥村民活动中心等，主要在各大节庆活动中展示调犟牛、掮轮车、调三十六行、舞马叉等传统舞蹈与传统游艺。第二个可以考虑运河水系及滨水空间，主要是分为古南运河水系与太滆运河支流水系，主要展示杨桥头船等水上传统技艺。

第七章　江南运河沿岸其他典型
传统村落的保护与发展探究

在城镇化进程中，运河两岸古村落空间受损严重，对其进行有效的保护和再一次的合理利用成为亟待解决的问题。本章通过对多个典型传统村落的保护与发展实践进行分析与总结，以期为传统村落的可持续发展提供有益的参考与借鉴。

第一节　大运河苏南段传统村落保护与更新——以
无锡市礼社村为例

苏南一词起源于中华人民共和国成立初期，以长江为界，设置的苏南、苏北两个行署区（1949 年到 1952 年）。广义的苏南是指江苏省域范围内的长江以南区域。现如今，苏南范围主要包括江苏省的南京、镇江、苏州、无锡、常州 5 个地区。[①]

本书中的苏南段是指镇江到苏州的大运河段。

一、无锡市礼社村基本情况介绍

礼社村位于无锡市惠山区玉祁镇的西南部，据史料记载，礼社村已有 800 多年的历史，在明清时期礼社村水路交错，曾是远近闻名的商业码头。村落中有一条保存良好的礼社老街，全长 200 多米，街巷较为狭窄，两侧多为明

---

① 徐瑞清．大运河苏南段传统村落保护与更新——以无锡市礼社村为例［J］．艺海，2022（10）：73.

清至民国时期的传统民居。

礼社村始建于南宋年间，原称吕舍，相传此名是由南宋吕文缨及其吕氏族人南迁至此筑草舍定居而来。明代宣德年间，江阴薛氏薛琚入赘吕舍王家，薛氏一族在此地逐渐兴旺起来。清代乾隆年间，薛氏的实力最为雄厚，在吕舍村中的薛家巷兴建礼社街市，而后由于薛氏家族逐渐壮大成为村落中远超吕氏的望族，且吕舍与礼社二者发音相近，由此村名被薛氏一族更替为礼社村。

清朝至民国初期，由于运河的通行，礼社老街逐渐繁荣兴盛起来。村落中码头林立，商市密布，礼社街上米面布行、肉铺鱼行、药店百货、茶馆戏院等应有尽有。1923 年，礼社创办竞明电厂，两年后改办青城市礼社发电厂，并建立商会商团，开设礼社航运码头。而后，随着礼社老街的繁华，在其西侧 200 米的薛家浜两岸兴起了漕运经济，码头林立，发电厂、米厂、缫丝厂密布其间。自此，礼社老街至薛家浜一带成为村落中最为繁华的区域。改革开放以后，因经济中心南移以及人口流失问题，村落不复繁华。

（一）礼社村的文化特征

礼社村的文化特征体现在以下三个方面，如图 7-1 所示。

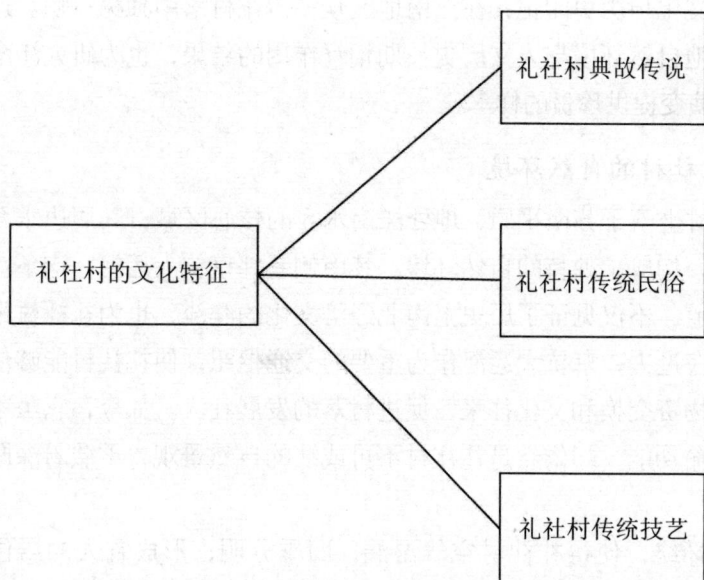

图 7-1 礼社村的文化特征

礼社村典故传说：礼社村的典故传说主要围绕吕纯阳祖师展开，村落中的传说分为两种：其一，纯阳祖师是以医者的身份为瘟疫横行的礼社村避免灾祸，因此为村民祭奠；其二，是村中天降檀香木，村民欲将之雕成神像供奉，最后决定将前不久降临福聚庵同样身负檀香之气的吕神仙作为原型雕刻，并供奉在神仙庙里。

礼社村传统民俗：礼社村村民常在每年农历四月十四日在神仙庙举办庙会，俗称"轧神仙"。庙会习俗形成于清代乾隆年间，村民相信农历四月十四日是纯阳祖师降临人间的日子，希望可以"轧神仙，沾仙气"。庙会期间街市商贩云集，信徒则入神仙庙顶礼膜拜。每到闰年，村民会自发举行香会，香会的活动内容多为以传统信仰为主题的文艺节目，香会仪仗分为三段：队首举肃静、回避的牌杆，并敲锣打鼓和唱开道；队中为文艺表演团；队尾仪仗则为解钱粮、万民伞、押犯人、皂隶、大龙旗、菩萨暖轿等压阵。

礼社村传统技艺：玉祁双套酒酿造技艺、礼社大饼制作技艺、礼社刺绣、礼社舞龙、礼社山歌。

（二）礼社村的空间特征

礼社村作为无锡市惠山区玉祁镇的重要组成部分，其空间特征蕴含着独特的地域文化与历史印记，在江南地区众多传统村落中独树一帜。这些特征不仅是当地自然环境与人文历史长期相互作用的结果，也为研究江南传统村落的发展演变提供珍贵的样本。

1. 礼社村的自然环境

礼社村坐落于苏南平原，地处江南水乡的核心区域，其周边水系如同脉络般交织，构成了独特的自然环境。其南侧紧邻京杭大运河，这条流淌千年的黄金水道，不仅见证了历史上南北经济文化的交流，也为礼社村带来繁荣的契机。在过去，京杭大运河作为重要的交通枢纽，使礼社村能够便捷地与外界进行物资交换和文化往来，促进村落的发展壮大。如今，它虽不再具有繁忙的运输功能，却依然是礼社村不可或缺的自然景观，承载着深厚的历史文化价值。

水网环绕，使得礼社村空气湿润，四季分明，形成宜人的居住环境。十三浜以礼社村为中心呈放射状散开，将各个区域紧密相连。薛家浜、西塘港、唐家浜等主要河浜穿村而过，它们不仅是重要的水运通道，还在灌溉、浣洗、休闲娱乐等方面发挥着关键作用。薛家浜作为曾经商贸往来的重要运输河道，如今虽运输功能有所减弱，但依然是村落的主要水源之一，灌溉着周边的农田，滋养着一方土地。

2. 礼社村的居住环境

（1）村落整体布局

礼社村的整体形态深受周边水体的影响，呈现出独特的组团状结构。这种结构既体现村民对自然环境的适应，也反映一定的规划智慧。村落轮廓线变化规律，纵横比适中，各个组团之间既相对独立，又通过水系和道路相互连接，形成一个有机的整体。

在功能分区上，礼社村的布局清晰明确。居住用地占据了村落的大部分区域，体现其作为生活聚居地的核心功能。村民的住宅沿河道和街巷有序分布，形成错落有致的居住景观。工业区位于薛家浜两岸，借助便利的水运条件，发展工业生产。在过去，这里曾是村落经济发展的重要引擎，分布着各类工厂和作坊，带动当地的经济繁荣。如今，随着产业结构的调整，部分工业企业虽已搬迁或转型，但工业用地的痕迹依然留存，见证着村落的发展历程。

农耕用地分布在村落外围的东、西两侧河浜沿岸，肥沃的土地为农业生产提供良好的条件。村民们在这里种植水稻、蔬菜等农作物，不仅满足了自身的生活需求，还为村落的经济发展做出了贡献。

（2）村落街巷形态

礼社村的街巷形态是其空间特征的重要体现，反映村落的历史发展和交通脉络。村落中的道路较为平直，各级道路连通性强，相互交织形成网络状格局；东西走向的礼社路和礼社老街是主要交通干线。这两条道路不仅承担着日常的交通功能，也是村落的商业和文化中心。沿街店铺、茶馆、酒楼等鳞次栉比，热闹非凡。相比之下，南北走向的街巷宽度较窄，多为建筑间的狭小巷子，宽度为 1.5 米～2 米，且通达性较差。这些小巷子多为"T"字形，连接着主干道和各个住宅组团，是村民日常生活的重要通道，充满了生活气息。

重要的空间节点分布于三条主干道两侧，成为村民聚集和交流的场所。礼社路北侧九龙宫前的广场空地，每逢节日或重大活动，便成为村民们举办庆典、集会的地方，热闹非凡。礼社老街北侧的惠畅小戏台，是村民们欣赏戏曲表演的场所，承载着丰富的文化记忆。老街尽头的沟河潭，周边绿树成荫，是村民休闲散步的好去处。明剑路上的薛暮桥故居、礼社水龙宫、神仙庙等，不仅具有重要的历史文化价值，也是村落的标志性建筑，吸引着众多游客前来参观游览。

在地面铺装方面，礼社村的街巷呈现出明显的差异。大部分街巷已翻新，采用水泥铺地，方便了村民的出行，而礼社老街则全部以窄长的青砖铺地，如道路中部作为车行主干道，以"人"字形拼贴图样铺设青砖，既增加了路面的摩擦力，又具有一定的装饰性；两侧的人行道则以两列纵向排列前后交错的青砖为分界线，再设横向的"工"字形拼贴样式的青砖，宽度为0.5米～0.6米。这种独特的铺装方式，不仅体现了历史与现代的融合，也为老街增添了古朴的韵味。

3. 礼社村的建筑形态

礼社村的建筑排列规整紧密，多数沿街或水路呈横向排布，体现江南水乡建筑的典型特征。建筑规模多样，从单开间到九开间都有，其中以单开间到三开间的建筑居多。建筑进深多为两到三进，且普遍呈现前低后高的形制，这种布局不仅有利于采光和通风，还蕴含着"子孙后代步步高升"的美好寓意。

（1）建筑空间结构方面

沿礼社老街两侧分布的建筑多为前店后宅式结构，这种结构是传统商业与居住功能相结合的产物。建筑一般为一落多进，面宽较窄，呈纵向发展。通常为两进或三进，店铺与前厅住宅中间设天井作为空间隔断。天井不仅增加了室内的采光和通风，还为家庭成员提供一个共享的活动空间，在商铺与室内之间形成了一个过渡区域，方便了商业经营与家庭生活的转换。

村落中小型民居建筑多为一落多进的格局，与前店后宅式建筑相似，但第一进为前厅，主要用于接待客人和家庭活动。这类民居布局紧凑，空间利用率高，体现了江南地区传统民居的实用主义风格。

大型民居多为过去薛氏家族各分支建造的宅邸，主要分布在薛家浜、西塘港、唐家浜两岸。这些建筑面宽较宽，进深相对较短，通常为三开间、五开间、七开间和九开间，进深为两进到三进。建筑内部空间宽敞，布局严谨，体现了家族的地位和财富。建筑内部通常设有多个庭院、厅堂和厢房，功能分区明确，既满足了家族居住的需求，又体现了一定的社交和礼仪功能。

（2）建筑外立面方面

礼社村的建筑风格融合明清时期的传统元素与江南水乡的特色，形成独特的风貌。传统建筑秉承了江南传统建筑粉墙黛瓦的风格，建筑立面以砖雕墙门、石库门、花墙、雕梁等为主要装饰特色，展现了精湛的工艺和独特的审美情趣。屋顶形制多为硬山顶，邻接墙的形制以"马头墙""观音兜"为主，这些建筑元素不仅具有实用功能，如防火、防风等，还为村落增添了独特的韵律和美感。

前店后宅型建筑主要分布在礼社老街两侧，部分商用建筑临街一面设置单开的木板门，且在活动门一侧齐平位置设置窄长固定门板，用于固定侧边活动门板。开间较大的店铺会在木板门两侧开设格栅窗，既保证了室内的采光和通风，又展示了商品。老街上大部分商铺则直接使用木格栅门，这种门既方便开启，又具有良好的通风和防盗性能。

小型民宅型建筑在村落中数量最多，主要聚集在东街、明剑路东侧和礼社老街南侧片区内。保存较好的建筑，沿街立面大多不设窗户，只开一扇单开或双开的石库门，这种设计既保证了住宅的私密性，又体现了传统建筑的稳重感。经过村民翻新的建筑，沿街立面大多在大门左右开一扇或两扇窗，且门窗形制多为现代不锈钢材质，与传统建筑风格形成鲜明的对比，反映时代的变迁。

大型民宅型建筑多分布于薛家浜两侧，宅门多为砖雕墙门以及中西合璧式的宅门，工艺精湛，气势恢宏。沿街立面一般不设窗户，但像礼社师范堂、崇本堂等，在近现代因功能转变为公共娱乐设施和工厂，在正门旁开设了窗户。这些窗户的设置既满足了新的功能需求，又在一定程度上改变了建筑的外观风貌。

现代建筑多为 20 世纪七八十年代村民自建，立面为白墙抹面或彩色瓷砖贴面，沿街一面多开设不锈钢门窗。多数住宅建筑屋顶仍保留斜坡顶的形制，但不同于传统的黛瓦，多铺设红瓦，形成独特的视觉效果。这些现代建筑与传统建筑相互交织，共同构成了礼社村丰富多样的建筑景观。

二、礼社村保护更新的策略

（一）礼社村物质空间层面的保护更新

村落景观风貌的保护：礼社村地理位置独特，三面环水且紧临大运河，形成水网纵横交错的自然景观格局。基于此，对村落周边的河浜、绿化、农田等自然环境要素进行全面保护刻不容缓，同时针对重要的自然景观节点实施局部优化策略，从而进一步提升村落自然风貌的品质。具体而言，可充分借助大运河文化水系的强大影响力，着重突出具有漕运历史底蕴的薛家浜，将其打造为主要景观轴线，并精心规划与之相关的文化景观节点；科学合理地处理滨河景观中"亲水"与"远水"的空间关系，切实维护村落江南水乡的秀丽形象。

街巷形态特征的维护：礼社村"步步高升"的建筑立面形态，以及一落多进、多落多进的民居建筑布局，共同塑造了其别具一格的街巷形态。因此，维护村落中传统建筑的结构形态布局至关重要。可从街巷的尺度把控、天际线的塑造、空间节点的优化以及地面铺装的选择等多个角度入手，科学合理地规划村落交通流线。具体措施包括：严格控制村落主要街巷干道两侧的建筑高度，确保村落街巷空间原始的高宽比例得以维持。对街巷中重要空间新旧建筑形态进行协调处理：随着村落的自然发展，新旧建筑交替频繁，导致建筑立面风貌与建筑结构呈现出参差不齐的状况，为此，应秉持去粗取精的原则，深入提炼礼社村内传统建筑的形态特征，以实现新旧建筑立面形态的和谐统一。具体措施包括：重点对主干道两侧的建筑格局与建筑立面形态进行保留与修复，充分展现礼社村砖雕墙门、石库门、花墙、雕梁等特色立面风貌；对于新建筑，则主要以外立面整改为核心，以白墙黛瓦作为主要色调，山墙采用传统建筑中的"观音兜"或"马头墙"形制，从而使新建筑与村落原有的建筑风貌相融合。

（二）礼社村非物质文化层面的保护更新

1. 发展礼社村多元产业

礼社村历史文化底蕴深厚，村内历史建筑与名人故居星罗棋布，其中大部分已被列为文物保护单位。然而，当前村落规划重点过度聚焦于文保单位的维护，在村落整体协调发展方面存在明显短板。因此，迫切需要对村落的产业功能进行多元化改造，深入挖掘并引入村落的传统文化产业，以此激活村落经济，提升村落的发展活力。具体措施包括：大力推广村落的非物质文化遗产，定期策划并举办形式多样的文化节日活动，积极发展文化旅游产业，全面营造浓厚的礼社村历史文化氛围，吸引更多游客和社会关注，为村落经济的发展注入新的动力。

2. 活化礼社村村落传统文化

礼社村蕴含着丰富多样的特色传统技艺、民俗风情以及传说典故等珍贵文化资源。将这些宝贵的传统文化记忆与村落空间的更新设计深度融合，能够为非物质文化赋予物质载体，从而为村落传统文化的活态传承与发展创造有利契机。

在村落公共空间节点之间，精心设计与各节点紧密关联的文化建筑小品，进而打造独具特色的文化街。通过文化街串联各个节点，营造出具有深厚底蕴的村落传统文化文脉空间，有效唤起村民对礼社村非物质文化的强烈认同感与归属感，同时也为外来游客提供深入了解村落文化的直观体验路径。

第二节　绿色技术在传统村落中的应用——
以苏州堂里村堂里为例

一、绿色技术的应用背景

绿色技术在传统村落中的应用有着深厚的理论依据，它涵盖了生态学、建筑学以及可持续发展等多个领域的理念，是多种科学理论相互融合的结晶。

从生态学角度来看，绿色技术遵循生态系统的基本原理。生态系统强调物质循环和能量流动的平衡，传统村落中的绿色技术正是以此为基础进行构建。例如，堂里村堂里在规划时，村内道路周边留有水体，部分民居周边种植绿色植被。这一举措利用植物的蒸腾作用和水体的蒸发吸热原理，在夏季的炎热天气中，使建筑群体之间产生温差，进而形成热压通风，改善小气候。这不仅降低建筑的能耗，还营造舒适的居住环境，体现对生态系统中能量流动和物质交换规律的巧妙运用，维持了村落生态系统的平衡。

在建筑学领域，绿色技术与建筑的选址、布局、构造紧密相连。在建筑选址方面，传统村落的理想选址模式为"枕山、环水、面屏"，如苏州东山岛和西山岛的传统村落，坐北朝南，三面环山，一面临湖。这种选址既考虑了采光、通风等因素，又顺应了自然地形地貌，减少了对自然环境的破坏，体现建筑与自然环境的和谐共生。在建筑布局方面，堂里村堂里采用块状布局，通过合理设置风道、天井等，促进空气流通，形成穿堂风，改善微气候。在建筑构造方面，空斗墙做法的墙体，夹层留有封闭空间层，具备良好的保温、隔热、隔声效果，同时选用当地砖石材料，利用其热惰性高的特点，减少建筑墙体外表面的温度变化，这些都体现建筑学原理在绿色技术中的应用。

可持续发展理论是绿色技术的核心理论依据之一，该理论强调经济、社会和环境的协调发展，追求代际公平和资源的合理利用。传统村落的绿色技术在多个方面契合了可持续发展的要求。在资源利用上，堂里村堂里多选取石头、板材、木材、夯土、砖石、竹子等当地材料作为建筑材料，这些材料取材方便，部分属于可再生资源，减少了对外部资源的依赖和运输过程中的消耗，降低了对环境的影响，符合可持续发展的资源利用原则。从社会发展角度看，传统村落利用绿色技术营造了舒适、健康的居住环境，满足了村民的生活需求，促进社区的稳定和发展。在环境保护方面，通过自然通风、遮阳隔热、防潮等绿色技术措施，减少了建筑能耗和对环境的污染，保护了当地的生态环境，实现了经济、社会和环境的可持续发展。

绿色技术在传统村落中的应用以生态学、建筑学和可持续发展理论为坚实依据，这些理论相互交织，共同为传统村落的绿色发展提供有力的支撑，也为现代建筑和村庄规划在追求生态平衡、绿色发展的道路上提供可资借鉴的宝贵经验。

二、苏州地区传统村落的简述

苏州地区的传统村落承载着丰富的历史文化与独特的地域特色，这些村落大多形成于明清时期，历经数百年的风雨洗礼，依旧保留着鲜明的历史文化特征，整体风貌保存较为完好。吴中区作为苏州市传统村落资源最为丰富且保护最好的区域，凭借其得天独厚的地理环境，拥有太湖大半的面积、水岸线以及苏州大半的丘陵山体，为传统村落的形成与发展提供理想的自然条件，使得"背山面水""背山面田"的选址布局模式在这里极为常见。这种布局不仅契合了传统的风水观念，更在实际生活中为村民的生产、生活带来诸多便利，充分体现古人的智慧。

从村落类型来看，依据地理位置、空间布局和生产活动，苏州传统村落主要分为田园型村落、历史保护型村落和综合性村落。田园型村落多地处平原，地势平坦开阔，四周通常被规划为耕地，形成独特的田园风光。历史保护型村落肌理呈现出网格化或组团式布局，内部传统建筑错落有致，多是世代沿袭而成，聚居的村民拥有自己独特的民俗文化，还不乏一些著名的标志性建筑，如苏州市堂里村堂里的仁本堂，凭借精美的砖雕和木雕成为省级文物保护单位，见证着历史的变迁。综合性村落则在多个方面表现突出，以堂里村为例，它位于西山岛上，处于太湖西部，北面有缥缈峰，背山面水的布局使其兼具优美的自然景观和丰富的历史资源。村内不仅有沁园堂、崇德堂、仁本堂等众多明清宅邸，还拥有洞庭碧螺春制作工艺这一非物质文化遗产，成为研究苏州文化的重要典范。

在空间格局方面，苏州传统村落深受自然和人为因素的双重影响。在自然因素上，选址遵循"方位布局学说"，同时充分考虑农耕文化的发展需求，理想模式为"枕山、环水，面屏"，像东山岛和西山岛的传统村落，总体朝向多为坐北朝南，三面环山，一面临湖，巧妙融合儒家思想和道家天人合一的观念，营造出独特的空间氛围。在人为因素方面，苏州传统村落的布局形成线性布局、块状布局和环状布局三种形式。其中，线性布局的村落多沿着河流或山谷呈线性分布，房屋朝向一致，既保障了水源供应，又满足了居民生产生活需求；块状布局，也叫网格化布局，建筑排列规整、紧凑，但通风相对较差，堂里村堂里便是典型的块状布局村落；环状布局的村落数量较少，如苏州杨湾村，以水体为中心，街巷环绕，建筑依山势而建，合理利用地理优势和气候条件，确保通风和居民的饮水需求。

三、传统绿色技术在堂里村堂里的应用

堂里村位于西山岛西北部，由原来的古堂里村和涵村两个行政村合并而成，辖境有缥缈峰景区、西山雕花楼、国家地质博物馆等旅游景点，资源禀赋丰富独特，被列入"第四批中国传统村落名录"。[①] 堂里村堂里的传统民居

---

① 刘志宏. 乡土古村落特色风貌维系研究 [J]. 建筑与文化，2019 (7)：224-227.

中包含着大量的绿色建造技术，这些绿色建造技术饱含着地域生态文化的智慧，是绿色建筑发展的趋势。

（一）自然通风的建筑群体

堂里村堂里在建筑群体的规划设计上，充分展现古人的智慧，通过巧妙利用自然元素，实现了良好的自然通风效果。其通风组织主要依赖村落规划时预留的风道，这些风道如同村落的"呼吸脉络"，为空气流通提供顺畅的通道。

在村落规划阶段，设计者们精心布局，在村内道路周边特意留有水体。水的比热容较大，在夏季炎热时，升温速度比周围环境慢，形成相对低温区域。部分民居周边种植了绿色植被，植物的蒸腾作用不仅能调节局部温度，还能增加空气湿度。当夏日炎炎，太阳辐射使建筑群体受热升温，而水体和植被所在区域温度相对较低的，就使建筑群体之间产生了温差。

根据热压通风原理，热空气会上升，冷空气则会补充进来，从而形成空气的流动。在堂里村堂里，这种温差促使空气从低温的水体、植被区域流向高温的建筑区域，进而实现热压通风。这样一来，整个村落的小气候得到有效改善，在炎热的夏季，村民们能够享受到自然风带来的凉爽，降低室内温度，减少对人工制冷设备的依赖，既节能环保，又营造舒适的居住环境。

（二）依照夏季主导风向布置建筑朝向

堂里村堂里属于亚热带海洋性季风气候，堂里村堂里的冬季潮湿寒冷，夏季炎热多雨，有梅雨季，全年湿度较高。苏州地区冬季主导风是风力不大的东北风，而春、夏季盛行风力较大的东南风和西南风，高温少雨，湿度较大，体感温度很高。因此，建筑朝向按夏季主导风向布置有利于加强自然通风。堂里村堂里的大部分建筑朝向是依照夏季主导风向布置，这样布置使建筑迎风面的风压较高，由于建筑山墙面多设置高且深的小窗，天井或庭院两侧建设有封闭的院墙，方便空气流通，有利于形成穿堂风，可以加强村落的自然通风效果。

（三）利用微气候改善平面空间布局

堂里村堂里除布置风道来改善微气候外，平面布局也采用了较为合理的布置方式。建筑构造较为简单，但由于北侧靠近太湖，村落整体湿度较高，因此民居一般为二层一进制院落建筑。建筑下层多作为服务空间使用，如客厅、厨房、卫生间等；上层较为干燥，通风较好，一般作为居住房间。较大的民居建筑通常沿中轴线纵向展开，中间设种有植被的天井，两侧设有较为狭窄的廊道。这样风从风速较慢的天井空间流向风速较快的廊道空间，最终吹向室内，形成穿堂风，改善了微气候。

（四）建筑节能构造在传统民居中的运用

1. 利用冷巷改善通风条件

冷巷，即外墙与外墙间仅留一人或两人宽的巷道，其与两侧较高的建筑外墙形成热压通风效应，有效加强了自然通风。在夏季，这种通风方式能够显著降低室内温度，起到制冷降温的作用。堂里村堂里就广泛设置了冷巷，通过优化巷道布局和建筑外墙设计，实现了良好的通风效果，为居民提供舒适的居住环境。

2. 利用檐廊遮阳隔热

由于夏季日照充足，气温较高，传统村落的建筑需要考虑遮阳隔热的问题。在堂里村堂里的二层民居建筑中，多设置了室内外过渡的檐廊空间，这种半开放空间不仅是社交空间，也具有通风和调节温度的作用。在大型的祠堂中，还设置了较大的屋檐，不仅彰显了建筑的等级，还可以遮阳隔热和抵抗恶劣天气时出现的强风。

3. 利用天井进行通风、降温

堂里村堂里传统村落的建筑一般都设置有天井，这种布局不仅加强了建筑的通风效果，还通过在天井中进行种植和加设水体等活动，进一步达到了降温的效果。植物和水体的蒸发作用能够带走大量热量，降低室内温度，为居民提供清凉的居住环境。

4. 墙体能够保温、隔热、隔声

堂里村堂里的建筑墙体构造方式一般为空斗墙做法，这种做法的墙体，夹层留有封闭的空间层，保温、隔热、隔声效果很好。材料主要选取当地的砖石材料，一方面易取、易运输，另一方面热惰性较高，不易引起建筑墙体外表面的温度变化。

5. 利用台基和铺地进行防潮

堂里村堂里由于靠近太湖湖面，湿气重，地下水位较高，潮湿环境易对建筑造成损伤。因此，村落通常设有台基，通过抬高建筑的地势来避免潮气进入室内；铺地材料采用方砖或石板，这些材料吸水性较好，能够有效防止地面潮湿，保证室内干燥舒适的居住环境。

（五）建筑材料符合绿色建设

在堂里村堂里的传统民居建造中，建筑材料的选取充分体现绿色建设的理念。该地多选取石头、板材、木材、夯土、砖石以及竹子等作为主要的建筑材料。这些材料均为当地所产，取材极为方便，不仅降低了运输成本，还减少了因长途运输而产生的碳排放。

尤为值得注意的是，这些建筑材料中，部分属于可再生资源，如木材和竹子，它们在生长过程中能够吸收二氧化碳并释放氧气，对于调节气候具有积极作用。这些材料的使用也符合可持续发展的原则，能够在保证建筑质量的同时，减少对自然资源的过度开采。

石头、板材、夯土和砖石等材料具有良好的耐久性和稳定性，能够有效延长建筑的使用寿命，减少因建筑频繁翻修或重建而产生的废弃物和能源消耗。因此，堂里村堂里在建筑材料的选择上的确契合了绿色建设的理念，为传统民居的可持续发展提供有力的支撑。

第三节　江南运河传统村落景观符号研究——以常州流域两个传统村落为例

一、传统村落景观符号的理论支撑

景观符号学在解读传统村落景观要素方面，有着举足轻重的地位，它是深入剖析常州流域传统村落景观特征的重要理论框架。随着人们对文化遗产保护和地域特色研究的关注度不断提高，景观符号学逐渐成为挖掘传统村落文化内涵、展现其独特景观价值的有力工具。在传统村落中，每一处景观都并非孤立存在，它们承载着历史、文化、社会等多方面的信息，而景观符号学正是揭示这些隐藏信息的关键钥匙。

（一）皮尔斯的符号三分法

皮尔斯的符号三分法是美国哲学家查尔斯·桑德斯·皮尔斯（Charles Sanders Peirce）提出的一种符号学理论，将符号分为三个基本类别，即图像符号、指示符号和象征符号。以下是其在传统村落景观符号中的体现。

1. 图像符号

图像符号是通过自身与所指对象在形态、外观等方面的相似性来指代对象的符号。它与所代表的事物之间具有一种自然的相似关系，人们通过直观的视觉感受就能识别出它所代表的意义。

传统村落中的很多景观元素都具有图像符号的特征。例如，徽派建筑的马头墙，其造型独特，高高翘起的墙檐形似马头，从外观上就给人一种直观的视觉感受，很容易让人联想到马的形象，它不仅具有防火等实用功能，同时也是徽派建筑风格的典型图像符号，代表着徽派文化的独特韵味。又如，江南水乡村落中的拱桥，其拱形的桥身与水面倒影形成一个完整的圆形，与周围的水乡风光相互映衬，这种独特的形态成了江南水乡的一种典型图像符号，让人一看就能够联想到江南水乡的柔美与宁静。

2. 指示符号

指示符号与所指对象之间存在着一种因果关系或时空上的关联关系。它不是通过相似性来指代对象，而是通过某种实际的联系来让人们联想到所代表的事物。

村落中的一些景观元素可以作为指示符号。例如，村口的古树，它往往是村落历史的见证，与村落的发展存在着时间上的关联。看到古树，人们就会联想到这个村落有着悠久的历史，它是村落存在和发展的一个指示符号。又如，村落中的古井，它与村民的生活息息相关，是村民获取生活用水的重要来源，古井的存在指示着这里曾经有过或仍然存在着人们的生活活动，是村落生活的一种指示符号。另外，还有一些具有特殊地理位置的村落，如位于山口的村落，山口的位置就成了一种指示符号，它指示着村落与外界的交通联系以及可能的防御功能等。

3. 象征符号

象征符号与所指对象之间的联系是基于社会文化约定和人们的共同认知，它没有自然的相似性或直接的因果关系，而是通过文化的赋予和传承来代表某种意义。

传统村落中有很多象征符号。例如，在一些传统村落中，祠堂是家族文化的象征符号。祠堂的建筑规模、建筑风格以及内部的陈设等都承载着家族的历史、传统和价值观，它象征着家族的团结、传承和延续，是家族精神的核心体现。又如，一些少数民族村落中的特定图腾标志，如苗族的蝴蝶妈妈图腾，它是苗族文化中祖先崇拜和生殖崇拜的象征，代表着苗族人民对祖先的敬仰和对生命起源的理解，这种图腾标志通过代代相传，成了苗族村落文化的重要象征符号。再如，春节期间村落中张贴的春联、悬挂的红灯笼等，它们是中国传统文化中喜庆、吉祥的象征符号，在传统村落中，这些元素更增添了节日的氛围，也象征着村落居民对美好生活的向往和期盼。

（二）传统村落景观符号的提取方法

在传统村落景观符号提取工作中，科学的方法与适配的工具是精准提炼符号元素的关键。多种方法与工具相互配合，从不同角度对村落景观进行剖析，以实现全面、深入的符号提取。

数据挖掘法：从大量的用户生成内容（UGC）数据中挖掘有价值的信息。其用法是借助网络平台收集与传统村落相关的 UGC 数据，涵盖 GPS 轨迹、拍摄照片及坐标等。运用特定滤波方法处理原始 GPS 路径数据，连接典型样本数据形成行为轨迹线，在卫星地图上叠合路径，绘制景观偏好路线图。结合照片坐标、重要景观节点和速度变化点，确定感知热点景观符号采样点，以此获取反映游客关注重点的客观依据。

图像分析法：通过对景观图像的处理来提取符号。先收集大量有效图片，运用白描和形象概括的方式提取代表性元素作为景观符号。针对植物景观符号，依据相关名录和网络图片识别。再利用皮尔斯的符号三分法理论，根据元素与现实的相似性、指示关系和象征意义，将从图像中识别出的建筑、水体等元素分类为不同类型的符号，深度解读其背后的意义。

问卷调研法：通过广泛收集不同人群的评价来丰富景观符号内涵。采用问卷调查方式，基于 SD 语义分析法选取多组形容词对，为每个景观符号设置多个评价等级，设计量表问卷。在一定时间内发放问卷，回收后剔除无效问卷得到有效样本，从而从多个维度了解人们对景观符号的感知与评价，辅助提取更具代表性的景观符号。

二、常州流域传统村落景观符号的个性化解析

（一）焦溪村

焦溪村的景观符号在建筑风貌上独树一帜，黄石山墙堪称其标志性符号。黄石山墙多采用当地开采的黄石砌成，历经岁月冲刷，黄石表面斑驳却更显古朴厚重。其独特的黄色调与周边绿树、灰瓦相互映衬，色彩对比鲜明，在江南传统村落建筑风格中脱颖而出。这种建筑形式不仅是为了满足居住功能，更有着深厚的历史渊源。追溯至明清时期，当地石材资源丰富，黄石山墙的建筑形式逐渐兴起，它既起到了防风、防火、防盗的实用作用，又彰显了家族的财力与地位，成为焦溪村独特的建筑文化符号。

在环境特征方面，焦溪村依青山傍绿水，自然景观与人文建筑巧妙融合。发源于舜过山的舜河穿村而过，河水清澈，河道两岸是错落有致的古街镇。街镇中的建筑沿着山势层层而上，高低起伏，形成独特的天际线。在阳光照耀下，黄石山墙的光影在街道上不断变化，与潺潺流水、葱郁绿树构成如诗如画的景致。村落中的古井是环境景观符号的重要元素，这些古井大多建于明清时期，井口的石头被绳索磨出深深的凹槽，见证着岁月的变迁。井水冬暖夏凉，过去是村民生活用水的重要来源，如今则成为村落历史的生动见证。

焦溪村在指示信息方面表现出色，街巷布局遵循传统的风水理念，又兼顾实用功能。主要街巷相互连通，主次分明，道路宽敞平坦，方便村民出行和货物运输。如今，这些街巷成为游客漫步游览的绝佳路线，沿途设置了清晰的指示牌，不仅标注了景点位置，还介绍了相关的历史文化知识。例如，从村口进入，沿着主街前行，指示牌会引导游客依次参观鹤峰书院、奚家大院等重要景点，让游客在游览过程中深入了解焦溪村的历史脉络。

焦溪村丰富的文化感知因子承载着深厚的历史记忆。古桥是其中的重要代表，像三元桥、中市桥等，这些古桥横跨在舜河之上，造型优美，工艺精湛。三元桥始建于 1761 年，为单孔石拱桥，桥身的雕刻精美细腻，有寓意吉祥的瑞兽、花卉图案。过去，这些古桥是村民们交流往来的重要通道，如今

则成为游客感受历史韵味的打卡地。焦溪村还保留着舞龙、舞狮等传统民俗活动，每逢重大节日，村民们便会组织表演，热闹非凡。这些民俗活动不仅传承了当地的文化，也让游客能够亲身体验到焦溪村的独特魅力。

（二）沙涨村

沙涨村的古建筑群保存完整，是其最显著的景观符号。这些古建筑大多建于元、明、清时期，以合利盖华、孝思堂等为代表，建筑风格融合汉族和少数民族的特色。合利盖华是一座元代的建筑，其建筑结构独特，采用了砖石混合的结构，墙体厚实，屋顶的坡度较为平缓，具有明显的蒙古族建筑的风格特点。孝思堂则是典型的江南传统建筑，木雕、砖雕、石雕工艺精湛，门窗、梁柱上的雕刻细腻精美，展现了江南水乡的温婉细腻。这些古建筑不仅是建筑艺术的瑰宝，更是多元文化融合的见证。

沙涨村的自然景观与古建筑相得益彰，植被丰富，生态环境良好。村落周边有大片的农田和果园，四季景色各异。在指示信息方面，沙涨村虽然村落布局紧凑，道路相对狭窄，但标识系统较为完善。为了不破坏村落的整体风貌，标识牌采用了与古建筑风格相似的材质和设计。在主要路口和古建筑旁，都设置了小巧精致的标识牌，用简洁的文字和箭头指示方向。例如，在通往合刺普华墓群的路口，标识牌会清晰地告知游客墓群的位置和相关注意事项。同时，村里还安排了志愿者为游客提供引导服务，让游客能够更好地游览村落。

沙涨村的文化感知因子围绕着历史遗迹展开，合刺普华墓群具有极高的历史价值。合刺普华是元代的重要官员，其墓群规模较大，保存相对完好。墓群中的墓碑、石兽等雕刻精美，具有独特的艺术风格。这些雕刻不仅反映当时的雕刻技艺水平，也为研究元代历史和文化提供重要的实物资料。沙涨村的傻姓文化也是其文化感知的重要内容。傻姓家族在沙涨村有着悠久的历史，他们的家族文化、族谱传承等都承载着村落的记忆。通过参观相关的文化展示馆和与村民交流，游客能够深入了解傻姓家族的发展历程和沙涨村的历史文化底蕴。

三、常州流域传统村落景观符号的传播机制

（一）焦溪村和沙涨村的传播启示

焦溪村和沙涨村作为常州流域传统村落的典型代表，在景观符号传播方面各具特色，为其他传统村落提供宝贵的经验与启示。

焦溪村以其独特的黄石山墙建筑景观符号闻名。其传播成功的关键在于对特色符号的深度挖掘与多元展示。一方面，借助网络平台，大量游客拍摄的黄石山墙照片、短视频广泛传播，这些视觉素材精准地捕捉到建筑的独特魅力，吸引了众多潜在游客的目光。另一方面，当地积极举办民俗活动，如在传统节日期间开展舞龙舞狮表演，将黄石山墙作为活动背景，使建筑景观与民俗文化相互映衬。这种方式不仅丰富了传播内容，还增强了游客的参与感和体验感，让黄石山墙这一景观符号更具感染力和吸引力。

沙涨村古建筑群保存完整，承载着深厚的历史文化底蕴。沙涨村在传播景观符号时，强化对文化内涵的阐释。邀请专家学者对古建筑的历史、建筑风格、文化价值进行深入研究，并将研究成果转化为通俗易懂的讲解内容。在旅游导览中，导游详细介绍古建筑背后的故事，如合刺普华墓群的历史渊源，让游客在欣赏建筑外观的同时，更能理解其文化意义。沙涨村还通过举办文化讲座、历史展览等活动，向游客和当地居民普及古建筑知识，增强人们对景观符号的文化认同感，为景观符号的传播奠定坚实的文化基础。

（二）传统村落景观符号传播的流程

传统村落景观符号的传播是一个复杂的流程，涵盖多个环节，涉及不同主体和多种媒介。

首先，景观符号的生成与感知环节。在常州流域的传统村落中，独特的自然环境、历史文化和社会生活孕育出丰富多样的景观符号。焦溪村的黄石山墙、沙涨村的古建筑群等，都是在长期的发展过程中形成的具有代表性的景观符号。游客、当地居民和研究者等通过实地游览、生活体验和学术研究等方式感知这些景观符号。例如，游客在游览焦溪村时，会被黄石山墙独特的建筑风格所吸引，从视觉、触觉等多方面感受其魅力；当地居民虽在日常生活中对村落景观符号习以为常，但也在这种长期的接触中形成深厚的情感认同。

其次，景观符号的编码与表达环节。传播主体根据不同的传播目的和受众需求，对感知到的景观符号进行编码和表达。在网络传播中，游客会将拍摄的照片、视频进行剪辑和加上文字描述，突出景观符号的特色和个人感受，然后发布到社交媒体平台上。另外，旅游宣传部门则会制作专业的宣传资料，如精美的海报、宣传册等，运用图文并茂的方式展示景观符号的文化内涵和旅游价值。

再次，景观符号的传播与扩散环节。通过多种传播渠道，景观符号得以广泛传播。线上渠道如社交媒体、旅游电商平台、在线旅游社区等，打破了时间和空间的限制，实现了快速传播。一篇关于沙涨村古建筑群的精彩游记发布在马蜂窝旅游社区后，可能在短时间内就获得数千次的浏览量和大量的点赞、评论。线下渠道包括旅游活动、文化展览、导游讲解等，能够为游客提供更加直观和深入的体验。

最后，景观符号的解码与反馈环节。受众在接收到景观符号的信息后，会根据自身的文化背景、生活经验和兴趣爱好进行解码和理解。不同的受众对同一景观符号可能有不同的理解和感受。对历史文化感兴趣的游客在参观沙涨村古建筑群时，可能会更深入地思考其历史价值和文化意义；摄影爱好者则可能更关注古建筑的造型和色彩，用镜头捕捉其独特之美。受众的反馈对于景观符号的传播至关重要，传播主体可以根据受众的反馈，调整传播策略和内容，进一步优化传播效果。

（三）传统村落景观符号传播机制的优化措施

为了更好地传播常州流域传统村落景观符号，提升传统村落的文化影响力和旅游吸引力，需要采取一系列优化措施。

在传播内容方面，要深入挖掘景观符号的文化内涵，丰富传播素材。加强对传统村落历史文化、民俗风情、建筑艺术等方面的研究，将更多鲜为人知的故事和文化元素融入景观符号的传播中。对于焦溪村的黄石山墙，可以深入研究其建筑工艺的传承与演变，以及在不同历史时期的功能和象征意义，将这些内容通过短视频、文化讲座等形式传播给受众。注重创新传播内容的形式，结合现代艺术和科技手段，打造更具吸引力的传播产品。利用虚拟现实和增强现实技术，开发传统村落景观的虚拟游览项目，让受众可以身临其境地感受景观符号的魅力；制作以传统村落为背景的动漫、微电影等，以新颖的形式传播景观符号。

在传播渠道方面，要整合线上线下资源，形成全方位的传播网络。在线上，加强与各大社交媒体平台、旅游电商平台和在线旅游社区的合作，开展精准营销。根据不同平台的用户特点和需求，制定个性化的传播策略。例如，在抖音平台上，制作有趣、简短的短视频，吸引年轻用户的关注；在携程等旅游电商平台上，推出特色旅游产品，并结合用户评价进行推广。在线下，加强与旅行社、景区、文化机构等的合作，拓展传播渠道。例如，与旅行社合作开发更多以传统村落景观符号为主题的旅游线路；在景区内设置传统村落景观符号的展示区，引导游客前往参观；与文化机构合作举办各类文化活动，提升传统村落的文化氛围。

在传播主体方面，要加强各方合作，形成传播合力。政府应发挥主导作用，加大对传统村落景观符号传播的政策支持和资金投入，制定相关的传播规划和标准。鼓励当地居民积极参与景观符号的传播，通过培训提升他们的传播能力和文化素养，让他们成为传统村落文化的代言人。加强与媒体的合作，借助媒体的专业力量，制作高质量的宣传报道和文化节目。与高校和科研机构合作，开展相关的研究和实践活动，为景观符号的传播提供理论支持和创新思路。

在受众互动方面，要注重与受众的互动交流，提升受众的参与感和体验感。通过社交媒体平台、在线旅游社区等渠道，及时回复受众的留言和评论，解答他们的疑问，建立良好的沟通机制。开展线上线下的互动活动，如摄影比赛、征文比赛、文化体验活动等，鼓励受众参与到传统村落景观符号的传播中来。例如，在焦溪村举办一次的摄影比赛中，吸引了大量摄影爱好者参与，他们拍摄的作品进一步传播了焦溪村的景观符号，同时也增强了受众对传统村落的认同感和归属感。

第四节　基于乡村聚落意象的传统村落保护与更新——以杭州拱墅区的小河直街为例

传统村落挖掘并利用传统村落独特的乡村文化、聚落风貌以及优美的自然环境，增强当地居民、外来游客对村落的感知与认同，建构起一个完整的乡村聚落意象体系，对传统村落的保护与发展具有重要意义。乡村聚落意象一旦在人们的脑海中形成，便具有相对的独特性和固化性。当现代居民的内心想暂时远离城市生活时，乡村聚落意象便容易唤起人们对乡村生活的向往与归属，吸引人们前来乡村活动①。

一、乡村聚落意象的理论根基

（一）乡村聚落意象的核心要素

意象是认知主体在接触了客观事物后，根据感觉来源传递的表象信息，在思维空间中形成的有关认知客体的加工形象，在头脑里留下的物理记忆痕迹和整体的结构关系。②乡村聚落意象可以理解为人们对乡村中诸多具体可见的物质、空间形象以及乡村的历史、记忆、文化、习俗等产生的主观感受和映射在心理上的积淀，能够反映出乡村聚落特征的总体印象。依据乡村的资源文化、空间形态和生活方式，乡村聚落意象要素主要包括山水、田园、肌理、节点和邻里。

山水为乡村聚落意象提供独特的自然条件。山水景观不仅是乡村的生态屏障，更是村民精神寄托和审美追求的象征。

田园是村民从事农业生产活动的场所，也是乡村生活的重要组成部分。田园景观承载着农耕文化的传承，体现乡村的生机与宁静。

肌理在乡村聚落意象中起到了连接过去与现在、自然与人文的桥梁作用。

节点作为村落交通、空间组织和村民交流的重要载体，是乡村聚落意象的空间要素。节点不仅丰富了乡村的空间层次，还增强了村民之间的联系，并提升了乡村的整体凝聚力。

邻里承载着乡村的生活方式，通过建筑、院落、巷道等空间形态，共同构筑了质朴和谐的乡村睦邻关系。邻里要素是乡村社会关系和人文氛围的直接体现。

---

① 吴征，王志刚. 乡村规划的意象传承与更新——金寨希望小镇规划设计探索 [J]. 小城镇建设，2014（3）：79-82.

② 吴征，王志刚. 乡村规划的意象传承与更新——金寨希望小镇规划设计探索 [J]. 小城镇建设，2014（3）：79-82.

（二）乡村聚落意象的结构体系

乡村聚落意象核心要素的集聚、耦合，构成了乡村聚落意象不同的层次和内容，并由此形成一个完整的、系统性的结构体系。乡村聚落意象的主体内容是意象核心要素的综合表现，具体可概括为乡村聚落风貌、建筑空间特征、生产生活方式、历史文化习俗等四个方面。

乡村聚落风貌是人们对于村落形象的整体感知，反映村落空间布局、建筑形态以及村庄与自然环境的切合关系与特点。

建筑空间特征不仅体现在民居建筑的平面形制与功能布局方面，也与村落的广场、街巷以及庭院等节点形成呼应关系。

乡村闲适的生活节奏、村口的聚集聊天、随处可见的村民劳作场景等，记录着乡村的生产生活方式，也是许多城里人精神和情感上的寄托。

历史文化习俗是乡村的非物质文化遗产，承载着村落的起源与发展、名人轶事、民间传说以及生活习俗与礼仪等内容。

二、乡村聚落意象对传统村落保护的积极影响

（一）挖掘利用乡村聚落意象，增强村落感知认同

挖掘和利用乡村聚落意象，有助于增强居民和游客对村落的感知与认同。独特的山水风光、田园景色、传统建筑肌理以及邻里文化，能让人们感受到乡村与城市的差异，唤起对乡村生活的向往。通过保护和强化这些意象要素，可突出村落特色，提升其在区域中的辨识度。以具有鲜明水乡特色的乡村为例，纵横交错的水道、古朴的石桥和依水而建的民居构成独特的聚落意象，吸引游客的同时，也让居民更加珍视本土文化，增强文化自信和保护意识。

从文化传承角度看，乡村聚落意象是乡村文化的重要载体。它将物质文化（如建筑、古道）与非物质文化（如民俗、传说）紧密相连。传统建筑的布局、装饰和建造技艺反映着先辈的智慧和审美，而附着在建筑上的家族故事、节日习俗等非物质文化，通过乡村聚落意象得以传承。当游客参与乡村民俗活动，体验传统手工艺制作时，乡村文化在互动中得到传播和延续，促进文化的多样性发展。

（二）保护发展乡村聚落意象，推动乡村可持续发展

一个具有吸引力的聚落意象对于吸引游客至关重要，它能够有效地推动乡村旅游产业的发展，从而增加村民的经济收入。在聚落意象的塑造和推广过程中，传统村落还必须注重生态环境的保护和维护，确保在追求经济发展的同时，不会对自然环境造成破坏。这样，传统村落就能实现经济发展与生态保护之间的良性循环。例如，一些具有丰富山水田园资源的乡村，人们通过合理规划和开发利用这些自然资源，成功打造了一系列生态旅游项目。这些项目不仅有效地保护了当地的自然环境，避免了过度商业化带来的负面影响，同时也极大地促进当地经济的增长。通过这种方式，传统村落得以保持其独特的文化特色和自然风光，为村落的可持续发展注入新的活力和动力。

三、杭州拱墅区小河直街的"乡村聚落意象"要素解析

（一）基本情况概述

1. 地理位置与交通网络

杭州拱墅区小河直街，位于杭州市拱墅区的心脏地带，地理位置得天独厚。它紧邻京大杭运河的主航道，坐落在小河的下游两岸，形成一个独特的地理格局。东南侧，小河直街扼守着三条河流交汇的重要位置，西侧则依托着城市主干道小河路。外围的规划路网环绕四周，使得这里交通四通八达，真正实现了"三水相拥、陆路通达"的便捷交通网络。历史上，小河直街作为漕运物资的重要中转节点，扮演了不可或缺的角色。在现代，它通过水上巴士航线与运河沿线的历史街区紧密相连，成为了杭州运河文化带的核心枢纽。游客们可以乘坐水上巴士，沿着古老的运河，欣赏两岸的历史建筑和自然风光，体验杭州独特的运河文化。此外，小河直街还连接着城市的主要交通干线，如地铁、公交等，为居民和游客提供了极大的便利。无论是从城市的哪个角落出发，都能轻松到达这个充满历史韵味的街区。

2. 村落核心信息与荣誉

小河直街不仅是杭州市历史文化名城保护规划的核心区域，也是江南运河标志性景观节点之一。它以长征桥路为界，分为东西两个保护区，这里保留了大量的传统建筑，包括市级文物保护单位和众多具有历史价值的建筑。

小河直街不仅是运河商埠文化的承载地，也是平民居住文化的展示窗口，体现了多元文化的融合。其创新的保护模式，不仅成功入选了住建部规范的典型案例，还成为展示运河文化的重要窗口。小河直街的保护和利用，不仅为当地居民提供了丰富的文化生活，也为游客提供了一个了解和体验杭州运河历史与文化的绝佳场所。通过一系列的保护和修复工作，小河直街已经成为杭州市的一张亮丽的文化名片，吸引了无数国内外游客前来参观和学习。这里定期举办的文化节庆活动，如运河文化节、传统手工艺展等，都让小河直街的文化魅力得以充分展现。同时，小河直街还获得了多项荣誉，包括"中国历史文化名街""全国重点文物保护单位"等，这些都充分证明了小河直街在文化遗产保护和利用方面的卓越成就。

（二）村落意象优势要素解析

1. 山水环境与运河的共生格局

街区北临京杭大运河主航道，南接小河、余杭塘河支流，形成"一主两支"水系网络，构筑起典型江南水乡生态基底。运河水体不仅保障生产生活用水，更通过水汽循环调节局部气候。河岸原生柳树林带与菖蒲、芦苇等水生植物相映成趣，三河交汇处白墙黛瓦的民居倒映水中，与古桥、河埠石阶共同勾勒出"水巷相依、桥街相连"的诗意图景，完美诠释了"天人合一"的传统人居智慧。在清晨，当第一缕阳光穿透薄雾，照耀在波光粼粼的河面上时，整个街区仿佛被一层金色的薄纱轻轻覆盖，显得格外宁静而神秘。在傍晚，夕阳的余晖将整个水乡染成一片金黄，居民们在河边悠闲地散步，享受着一天中最惬意的时光。运河不仅是这个街区的生命线，更是连接过去与现在的纽带，承载着无数历史的记忆和文化的传承。

2. 依运河而生的村落布局特色

街区布局遵循"依水成街、因埠成市"的规律，建筑沿运河及小河线性排列，形成"前街后河"的空间骨架和"街—巷—河—宅"的层级结构。主街与运河平行，商铺前设骑楼避雨，后临码头装卸，民居院落通过水埠头直通河道，呈现"家家有码头、户户通水路"的典型江南运河聚落格局，使居民享受便利的水上交通，无论是日常出行还是货物运输都异常便捷。夜幕降临，河面上的灯火与街边的灯笼交相辉映，营造出温馨宁静的氛围。巷道顺应水系与地形，或直抵河埠，或转折连通院落，通过"收放转折"的序列设计，营造"柳暗花明"的空间叙事，既是居民日常生活的通道，也是连接商业节点的纽带，使得整个街区的经济活动顺畅进行。巷道中商铺林立，从传统手工艺品店到现代咖啡馆，应有尽有，令人目不暇接。

3. 运河文化浸润的传统建筑风貌

街区的建筑风格体现江南民居"质朴典雅、实用为本"的特征，多为木结构，白墙黛瓦、坡屋顶与马头墙组合。临街商铺采用"下店上宅"形式，民居院落多为三合院或四合院，中设天井采光通风。门楣、窗棂、梁柱等部位雕刻卷草、花鸟等纹样，屋顶形式丰富多样，既满足运河航运实用需求，又彰显运河文化对建筑风格的深远影响。这些传统建筑不仅美观，而且非常实用，无论是防雨、防风，还是采光、通风，都考虑得非常周到。在这些古色古香的建筑中，你可以感受到一种历史的厚重感，仿佛穿越回了那个繁华的运河时代。

4. 运河文明的历史遗存见证

街区的历史遗迹以"点线面"形式分布：其中，"面"形态表现为保存完好的民国街区结构；"线"形态包括古运河遗迹、古桥梁及沿岸码头集群；"点"形态则涉及老字号遗址、工业遗产及文物保护单位的分布。得日堂药店保留了传统的"前店后坊"布局，益乐园茶楼则依旧保存着民国时期的戏台，登云路码头的石阶与系船石孔依然清晰，这些元素共同构筑了探索运河商埠文化的重要"动态档案"。这些历史遗迹不仅是运河文明的见证者，更是该街区珍贵的文化财富。每一块石板、每一座桥梁均承载着丰富的历史故事与传说，激发人们对这个曾经繁荣一时的运河商埠的无限遐想与探究欲望。

四、基于乡村聚落意象的杭州拱墅区小河直街问题与保护更新策略

（一）杭州拱墅区小河直街村落意象要素存在的问题

1. 传统建筑与运河环境的存续危机

在杭州拱墅区的小河直街，那些承载着历史记忆的传统民居正面临着严峻的存续危机。尤其是那些民国时期的木构建筑，它们的结构性损伤尤为严

重。临河的建筑由于长期受到运河水体的侵蚀，基础墙体出现了严重的风化现象，木构架也因虫蛀而变得松动，屋面的渗漏问题更是严重到了不容忽视的地步。内部设施的老化问题同样不容小觑，许多院落仍然使用着旱厕，缺乏集中供暖系统，居民为了适应现代生活需求，私自改造电气线路，这不仅违反了安全规范，还带来了严重的消防隐患。

2. 现代建设对运河风貌的冲击

随着城市现代化的推进，现代建筑与传统风貌之间的尺度冲突变得越来越明显。一些高层公寓的出现打破了传统建筑的天际线，商业建筑的材质和色彩与传统的木构体系显得格格不入，这种视觉上的割裂感破坏了运河周边的整体美感。运河水系空间的历史肌理也遭到了破坏，特别是在三河交汇处，原本具有历史意义的河埠头被混凝土堤坝所取代，这不仅破坏了"河—埠—街—坊"的层级关系，也削弱了滨水界面与运河的空间呼应，使得这一区域的历史文化价值大打折扣。

3. 运河文化生态的传承断层

运河的传统生产性业态几乎已经消亡，仅存的几个老字号也大多转型为观光展示用途。那些曾经充满活力的船工号子等非物质文化遗产，如今也面临着传承人断代的危机。传统的"河灯节"等民俗活动，参与的人数也在逐年锐减。原住民的占比正在急剧下降，而新搬入的年轻租户对运河文化缺乏认同感，导致传统民俗活动的参与率逐年递减，代际之间的文化记忆出现了断裂。

4. 基础设施与运河聚落的适居矛盾

小河直街的街区巷道狭窄，这使得消防车难以通行，一旦发生火灾，救援将变得异常困难。此外，机动车的停车泊位缺口巨大，导致许多车辆不得不占道停放，这不仅破坏了青石板路面，也影响了街区的交通秩序。雨污合流管网的设计使得生活污水直接排入运河，尤其是在夏季，水体的清澈度大大降低，严重影响了运河的生态环境。基础设施的落后促使大量原住民产生了搬迁的意愿，这直接威胁到了运河聚落居住的连续性。

5. 运河保护管理机制的协同不足

运河的保护工作涉及多个部门，但目前缺乏一个统一的协调机构，这导致政策在执行过程中矛盾频发、效率低下。保护资金过度依赖政府财政，社会资本的投入明显不足，而且在使用上往往偏重于建设而轻视运维，导致许多历史建筑的活化利用率低下。目前尚未形成一个与运河文化保护相适应的可持续机制，这使得运河的保护工作面临着严峻的挑战。

（二）杭州拱墅区小河直街村落意象要素的保护更新策略

第一，建立完善的"评估—分级—活化"保护体系。首先，对文物单位进行详尽的评估，确保每一处文化遗产得到恰当的重视和保护。聘请传统工匠，要他们遵循古法进行修复工作，确保修复过程中的每一个细节都符合历史原貌。选用上等杉木，以恢复木质结构的坚固与美观，同时保持其原有的历史价值和艺术价值。对于历史建筑，推行"微创改造"，在保持原有风貌的同时，巧妙地融入现代支撑系统与设施，使古建筑既不失传统韵味，又能满足现代生活的需要。对于一般民居，则采取"政府引导、居民共治"的修缮模式，政府按级别提供资金补贴，居民负责日常维护，形成长效管理机制。

第二，实施运河风貌的空间管控与景观重塑。设立"核心—协调"双层保护体系，确保运河区域的风貌得到妥善保护与合理利用。在核心区内，新建建筑严格限制高度，并强制采用传统风格，如游客中心采用可拆卸的木结构，巧妙融合古今元素，既展现了传统工艺，又满足现代功能需求。协调区建筑外观融入运河元素，如船桨、水波纹等抽象图案，与周围环境和谐统一。依据历史文献与居民回忆重建河埠头，整治滨水驳岸并栽种本土植物，重塑"河埠—街巷—民居"的空间格局，重现江南运河的水乡风貌，让游客和居民都能感受到运河文化的独特魅力。

第三，构建运河文化生态的动态传承体系。设立专项基金，复兴老字号"前店后坊"的经营模式，如某中医馆重新开放后既提供诊疗服务又开设体验课程，让传统医学文化得以传承和发扬。与高校合作建立非遗传承实验室，培育新一代传承人，设立非遗工坊并结合虚拟技术展示传统技艺，让传统技艺与现代科技相结合，吸引更多年轻人参与和了解。成立"运河文化议事会"，策划各类民俗活动，推动小河直街街区从单纯的展示空间转变为充满活力的传承社区，让运河文化在社区居民的日常生活中得到活生生的体现。

第四，推进适居性与运河风貌协调的设施升级。实施"地下—地面—适老化"的三维改造工程，地下采用非开挖技术铺设雨污分流管网，有效解决运河水体污染问题，保护水质；拓宽主要街道，恢复青石板路面，设置智能消防通道标识，并建设地下停车场解决停车难题，提升居民生活质量；针对老龄化社会需求，为建筑增设电梯，巷道安装可拆卸式扶手，实现运河聚落的现代宜居转型，让老年人也能享受到便利和舒适的生活环境。

第五，创新运河保护的协同治理机制。构建"政府—社区—资本"的三元治理模式，成立专门的管理委员会以整合部门审批权限，开发智慧管理平台实现一站式服务，提高运河保护工作的效率和透明度；划分责任区域，配置专业监督人员与居民监督员，实时上传运河风貌巡查数据，确保保护工作的及时性和有效性；设立运河文化保护基金，吸引社会资本投入，将闲置仓库改造成数字博物馆，以运营收益支持保护资金，形成可持续的"保护—利用—反哺"循环，确保运河文化的长期繁荣与发展。

参考文献

[1] 徐峰 . 传统村落的适应性保护与发展 [M]. 北京：中国建筑工业出版社，2022.

[2] 韩素娟 . 传统村落的保护与创新发展之路 [M]. 北京：中国商业出版社，2023.

[3] 陈宁静，樊雅江，石珂 . 传统村落的保护及其利用体系研究 [M]. 哈尔滨：黑龙江科学技术出版社，2023.

[4] 刘澜，张军学，杜娟 . 传统村落原生性景观保护与利用 [M]. 北京：中国建材工业出版社，2023.

[5] 陈晓华，邓维龙 . 我国传统村落旅游开发及其影响研究［J］. 巢湖学院学报，2022，24（5）：111-117.

[6] 汪瑞霞 . 传统村落的文化生态及其价值重塑：以江南传统村落为中心［J］. 江苏社会科学，2019（4）：213-223.

[7] 孙佳 . 传统村落非物质文化遗产资源创新利用路径［J］. 长江大学学报（社会科学版），2024，47（3）：21-30.

[8] 徐耀新 . 历史文化名城名镇名村·礼社村 [M]. 南京：江苏人民出版社，2017.

[9] 陈璐露，翁梦宁 . 乡村振兴背景下文旅型乡村发展新路径：以台州市黄岩区富山乡半山村为例［J］. 旅游与摄影，2023（10）：67-69.

[10] 蒙涓 . 高质量发展背景下传统村落文旅融合治理研究［J］. 西部旅游，2022（13）：41-43，71.

[11] 胡最 . 面向文化遗产数字化的 GIS 专业人才协同创新培养［J］. 地理信息世界，2020，27（1）：133-138.

[12] 臧晟．运河江南沿线杨桥古村落空间保护与更新设计研究 [D]．常州：常州大学，2023．

[13] 徐瑞清．大运河苏南段传统村落保护与更新：以无锡市礼社村为例[J]．艺海，2022（10）：73-77．

[14] 秦晴，李广斌，王勇．苏州传统村落空心化的时空演变特征与机制研究：以后埠、堂里、翁巷三村为例[J]．农业经济，2021（2）：38-40．

[15] 刘志宏．乡土古村落特色风貌维系研究[J]．建筑与文化，2019（7）：224-227．

[16] 吴征，王志刚．乡村规划的意象传承与更新：金寨希望小镇规划设计探索[J]．小城镇建设，2014（3）：79-82．

[17] 张昊宇，周鹏．乡村旅游中乡村意象的保护与再造刍议[J]．牡丹江师范学院学报（哲社版），2012（5）：81-82．

[18] 仇侃．绿色技术在浙江传统村落中的传承和应用[J]．浙江建筑，2018，35（8）：5-11．

[19] 刘大均，胡静，陈君子，等．中国传统村落的空间分布格局研究[J]．中国人口资源与环境，2014，24（4）：157-162．

[20] 严赛．中国传统村落分布的特点及其原因分析[J]．大理学院学报，2014，13（9）：25-29．

[21] 康璟瑶，章锦河，胡欢，等．中国传统村落空间分布特征分析[J]．地理科学进展，2016，35（7）：839-850．

[22] 张艳．江苏省村落系统的空间格局特征与景观背景研究[J]．安徽农业科学，2013，41（29）：11737-11740．

[23] 佟玉权．基于 GIS 的中国传统村落空间分异研究[J]．人文地理，2014，29（4）：44-51．

[24] 王留青．苏州传统村落分类保护研究 [D]．苏州：苏州科技学院，2014．

[25] 邵甬，陈悦，姚轶峰．华东地区历史文化村镇的特征及保护规划研究[J]．城市规划学刊，2011（5）：102-110．

[26] 刘薇薇，陈戈，殷昆仑．传统村落、民居绿色建筑技术研究：以永州周家大院为例[J]．重庆建筑，2021，20（10）：72-79．

[27] 蒋纹.村庄产业发展模式的空间布局研究［J］.浙江建筑，2012，29（10）：5-9.

[28] 崔积仁.国土空间规划语境下传统村落文化基因传承策略研究［J］.智能建筑与智慧城市，2021（8）46-47.

[29] 罗杨，张凯，梁继红，等.古村落的数字化保护与传承［J］.文化纵横，2019（1）：134-137.

[30] 钱岑.苏南传统聚落建筑构造及其特征研究[D].无锡：江南大学，2014.

[31] 何惠涛.乡村振兴背景下传统村落农房更新策略研究：以无锡礼社村、后巷村为例［J］.建筑与文化，2024（4）：103-105.

[32] 吴尧，张吉凌.苏南乡土民居传统营造技艺[M].北京：中国电力出版社，2016.

[33] 胡田翠，鲁峰.古村落旅游可持续发展评价指标体系构建研究［J］.现代经济：现代物业中旬刊，2007（10）：36-38.

[34] 易莲红.传统村落景观的原真性保护与活化发展研究[D].武汉：武汉大学，2017.

[35] 张伟，杜臻.传统村落保护初探：以无锡礼社村为个案［J］.江苏地方志，2013（6）：51-54.

[36] 韩玮璇.运河江南段沿岸杨桥古村落文化保护与发展研究［J］明日风尚，2023（15）：149-151.

[37] 李宪锋，黄海波，刘苏文，李秀霞.江南"非典型古村落"杨桥建筑环境改造设计与研究［J］.大众文艺，2017（15）：127-129.

[38] 汪瑞霞，张文珺.文脉主义视域下江南运河沿岸传统聚落的保护与更新：以常州段为例［J］.装饰，2018（4）：98-101.

[39] 范贤坤，肖波.传统村落文化景观旅游资源开发与资源主体互动关系研究［J］.现代商业，2020（25）：35-36.

[40] 贺绿莹，胡孟杰.中国传统古村落群旅游资源开发研究［J］.安阳师范学院学报，2018（5）：72-76.

[41] 袁梦.多元主体视角下屏南县传统村落景观资源评价与优化策略研究[D].福州：福建农林大学，2024.

[42] 刘悦，姚璐，王卉. 传统村落景观空间的原真性保护研究［J］. 中国住宅设施，2022（7）：46-48.

[43] 张筱翊. 原真性视角下传统村落景观保护与活化研究 [D]. 大连：大连理工大学，2022.

[44] 朱志民. 传统村落景观的原真性保护与活化发展策略［J］. 上海商业，2021（5）：177-179.